首都圏版㉑　最新入試に対応！　家庭学習

桐朋学園小学校
桐朋小学校

2025年度版 過去問題集

2022～2024年度 実施試験 計3年分収録

桐朋学園小学校は2021年度も収録

問題集の効果的な使い方

①学習を始める前に、まずは保護者の方が「入試問題」の傾向や、どの程度難しいか把握をします。すべての「アドバイス」にも目を通してください。
②各分野の学習を先に行い、基礎学力を養いましょう！
③力が付いてきたと思ったら「過去問」にチャレンジ ！
④お子さまの得意・苦手がわかったら、その分野の学習を進め、全体的なレベルアップを図りましょう ！

合格必携 問題集セット

桐朋学園小学校

制　作	実践 ゆびさきトレーニング①②③
制　作	Jr. ウォッチャー ㉓「切る・貼る・塗る」
運　動	新 運動テスト問題集
運　動	Jr. ウォッチャー ㉖「運動」
行動観察	Jr. ウォッチャー ㉙「行動観察」

桐朋小学校

口頭試問	新 口頭試問・個別テスト問題集
口頭試問	新 ノンペーパーテスト問題集
制　作	実践 ゆびさきトレーニング①②③
運　動	新 運動テスト問題集
面　接	家庭で行う 面接テスト問題集

日本学習図書 ニチガク

ニチガク式学習支援!!

日本学習図書（ニチガク）

こんなこと…ありませんか？

「ニチガクの問題集…買ったはいいけど、、、
この問題の教え方がわからない（汗）」

メールでお悩み解決します！

- ☆ ホームページ内の専用フォームで必要事項を入力！
- ☆ 教え方に困っているニチガクの問題を教えてください！
- ☆ 確認終了後、具体的な指導方法をメールでご返信！
- ☆ 全国どこでも！ スマホでも！ ぜひご活用ください！

<質問回答例>

アドバイス

推理分野の学習では、後の学習に活きる思考力を養うことができます。ご家庭で指導する場合にも、テクニックにたよらず、保護者の方が先に基本的な考え方を理解した上で、お子さまによく考えさせることを大切にして指導してください。

Q.「お子さまによく考えさせることを大切にして指導してください」と学習のポイントにありますが、考える習慣をつけさせるためには、具体的にどのようにしたらいいですか？

A. お子さまが考える時間を持てるように、質問の仕方と、タイミングに工夫をしてみてください。
たとえば、「答えはあっているけど、どうやってその答えを見つけたの」「答えは○○なんだけど、どうしてだと思う？」という感じです。
はじめのうちは、「必ず30秒考えてから手を動かす」などのルールを決める方法もおすすめです。

まずは、ホームページへアクセスしてください!!

https://www.nichigaku.jp　日本学習図書　検索

目指せ！合格！

家庭学習ガイド
桐朋学園小学校

制作　巧緻性　運動

入試情報

募集人数：男女72名
応募者数：男子437名　女子209名
出題形態：ノンペーパー
面　　接：なし
出題領域：制作（巧緻性）、行動観察

入試対策

当校の入学試験ではペーパーテストや面接が行われません。以前は、１日目に口頭試問と制作、２日目に行動観察という形で試験が実施さていましたが、2021年度以降、試験は１日で行われ、試験も制作（巧緻性）と行動観察のみになりました。試験課題は２つだけですが、試験時間が約90分あるので、その分一人ひとりしっかりと観られるということになります。
制作と行動観察という課題ではありますが、制作物のできが問われているわけではありません。もちろん、できるに越したことはありませんが、そうした課題を通して躾や家庭の教育を観ているということを理解しておきましょう。課題としての行動観察はありませんでしたが、試験全体が行動観察という意識で臨むようにしてください。

●ペーパーテストがないと試験対策は難しくなります。おそらく、もともとの趣旨は「幼児に過度な学習をさせない」ためにとられている試験形態ですが、対策するうえでは観点がわかりにくくなるために、学習で広い範囲をカバーすることが求められます。当校に絶対合格という保護者の方には、ある程度の覚悟が必要でしょう。

●制作問題の課題には、複雑な指示・手順が必要なものがあります。指示をよく聞いて理解するようにしましょう。それには、言葉の理解力、そして思考力が要求されます。

●単純な制作ではなく、パズルや積み木など思考力を要求される課題が出題されることもあります。ペーパーテストはありませんが、ペーパー学習に取り組んでおく必要はあるといえます。

●例年は、上記２つのような難しめの課題もありますが、今年度は非常にシンプルな課題でした。ただし、あまりお子さまが使うことのない「ふせん」が材料になっているので、戸惑ってしまったお子さまもいたのではないでしょうか。

●行動観察は、自分でコースを選んで何度も繰り返し行うという自由度の高い課題でした。自由遊びのような要素も強く感じられます。

「桐朋学園小学校」について

〈合格のためのアドバイス〉

志願者数が600名を超える、東京市部でも人気の私立小学校です。当校の入学試験はペーパーテストがありません。実施課題も少ないのが特徴ですが、その分一つひとつの課題を集中して行う必要があります。課題が少ないために対策は容易であると考えられがちですが、決してそのようなことはありません。「少人数のグループでじっくり行われる」ことで、お子さまの素の状態が出やすくなり、そうした部分が評価されるということは、ふだんの躾や習慣がそのまま合否につながることになります。生活の中に試験対策を落としこまなければいけない点において、簡単ではないといえるでしょう。さらに、面接テストがない分、試験中の受け答えも非常に大切になってきます。作業中に言葉をかけられた際、手を止めて先生の方向を向くなど、細かい点にも注意しましょう。

制作は年度によって「自由に」というものもあれば、複雑な作業を要求するものもあります。目立った傾向はありませんが、大勢の志願者がいる中で、指示を勘違いしてしまうと評価の対象から外れてしまいます。まずは指示をよく聞き、理解することが必要でしょう。

また、過去には制作課題で、パズルを解く、積み木を並べるといったものも出題されています。いずれも複雑な手順を要求されるものですが、手先の器用さはあまり関係なく、指示を理解することが必要になってきます。行動観察では、図形や推理分野をモチーフにしたペーパーテストに近い出題もされています。ペーパー学習対策も怠らないようにしましょう。

行動観察は大きく分けて２つのタイプがあります。日常生活の延長として片付けなどを行うものと、グループでゲームをしたり、制作をしたりするものです。前者は出題の仕方に工夫があり、指示の内容を理解して効率よく結果を出すとよい評価を受ける能力を観点としたものです。後者は集団行動への適応力を中心に、振るまいを観点としていますが、特にリーダーシップを求められているわけではありません。ほかの志願者に配慮しながら行動することを意識させましょう。

〈2024年度選考〉

◆制作（巧緻性）
◆行動観察

◇過去の応募状況

2024年度	男子437名	女子209名
2023年度	男子485名	女子223名
2022年度	男子457名	女子227名

入試のチェックポイント

◇受験番号は…「生年月日順」
◇生まれ月の考慮…「なし」

〈本書掲載分以外の過去問題〉

◆口頭試問：パズル［2018年度］
◆制作：毛糸使って好きな絵を作る。［2017年度］
◆運動：６人１組でボール運び競争。［2017年度］
◆行動観察：夏祭りごっこ。［2016年度］
◆口頭試問：指示通りに積み木を並べる。［2016年度］

目指せ！合格！

家庭学習ガイド
桐朋小学校

口頭試問　制作　巧緻性　運動

入試情報

募集人数：男女72名（内部進学者26名を含む）
応募者数：男女544名
出題形態：ノンペーパー
面　　接：なし
出題領域：口頭試問、制作（巧緻性）、運動、保護者アンケート

入試対策

以前は、１次試験（個別）で口頭試問、２次試験（集団）で制作、行動観察、運動が実施されていましたが、2021年度以降では、試験は１日で行われ、試験時間は２時間程度です。
難しい課題や問題はありません。受験者がどう感じたのか、というような正解のない問題が多いのが特徴です。これは、当校の入試に対する考え方が、入試時点の能力を測るというよりは将来性を期待するものだからでしょう。ありのままのお子さまを評価したいということです。保護者の方は、口頭試問（１対１）で話すことに慣れさせておくこと、当日のコンディションを整えることに注意してください。

●1次試験の個別テスト・口頭試問は、テスターと1対1で行われ、例年、数量・常識・推理・図形など広い分野から選ばれて出題されています。数量の分野なら10までの数がかぞえられる、常識では仲間分けできるかといった基礎的な内容が中心です。口頭試問の形式に慣れておけば、緊張しすぎることがない限り問題ありません。

●上記は、例年行われている内容ですが、今年度はいわゆる知力を測るような試験課題はほとんどありませんでした。今年度は、「指示の理解」と「どう考えた（感じた）か」というところがポイントになっていると考えられます。

●保護者アンケートの実施は、家庭や学校の教育方針について問われます。事前に学校説明会や体験授業に参加し、学校についてより理解を深めておくようにしましょう。

●遊びの延長のような試験内容ですが、遊びの中にも節度ある行動が求められますので、その点はしっかり言い聞かせておく必要があるでしょう。

●折り紙を使った課題はよく出題されますので、ご家庭で親しんでおくとよいでしょう。

「桐朋小学校」について

＜合格のためのアドバイス＞

当校で実施されている口頭試問と、ペーパーテストとの大きな違いは、「ペーパーテストは結果で評価されるのに対し、口頭試問は解答を導き出すプロセス、発表する時の言葉遣いや態度などから、解答がトータルで評価される」というところです。また、口頭試問はテスターと１対１で行われるため、緊張感も高まる中、出題を１回で聞き取らなければなりません。問題自体は難しい内容ではありません。基礎学習をしっかりと行うことが大切です。

学習方法としておすすめなのは、なぜその解答になったのかをお子さまに説明させることです。説明することで解答を発表する練習にもなり、問題に対する理解も深まります。なお、口頭試問は、立ったまま行われます。この点に関しても、試験が近づいてきたら慣れておく必要があります。

集団テストでは、遊びを通して、指示への理解やさまざまな生活習慣が身に付いているかが観られています。こういった出題形式は当校入試の大きな特徴となっており、当校が公共の場でのマナーや「躾」を重視していることがうかがえます。いわば、対策の要は「生活習慣の改善」ということになり、お子さまを通して、保護者の方の公共の場でのマナーやお子さまに対する躾や教育が観られていると思いましょう。自分が出したゴミでなくても、見かけたら拾うなど、保護者の方の行動がお子さまの習慣そのものになることを意識してください。

集団の中で行われる運動テストは、基本動作の連続になります。一つひとつの動作を確実にこなすとともに、体力をつけておくようにしてください。思い切り遊ぶことも大切です。また、お友だちとの遊びの中で、他人との関わりや思いやりなどを育むこともできます。時にはトラブルも起きるでしょう。その時は最初から保護者の方が干渉するのではなく、トラブルの収め方も含め、子どもたち自身で解決するように見守ってください。

〈2024 年度選考〉

◆口頭試問
◆制作（巧緻性）
◆運動

◇過去の応募状況

2024 年度	男女 544 名
2023 年度	男女 614 名
2022 年度	男女 501 名

入試のチェックポイント

◇受験番号は…「非公表」
◇生まれ月の考慮…「非公表」

〈本書掲載分以外の過去問題〉

◆口頭試問：お話作り。［2017 年度］
◆口頭試問：鉛筆を同じ数ずつ分ける。［2017 年度］
◆行動観察：たまご運び競争。［2016 年度］
◆制作：模造紙に集団で絵を描き、その上で遊ぶ。［2015 年度］
◆制作：弁当の中味（たまご焼き、おにぎり、リンゴなど）を制作。［2015 年度］

桐朋学園小学校
桐朋小学校
過去問題集

〈はじめに〉

現在、少子化が叫ばれているにもかかわらず、私立・国立小学校の入学試験には一定の応募者があります。入試は、ただやみくもに学習するだけでは成果を得ることはできません。志望校の過去における出題傾向を研究・把握した上で、練習を進めていくこと、試験までに志願者の不得意分野を克服していくことが必須条件です。そこで、本問題集は小学校を受験される方々に、志望校の出題傾向をより詳しく知って頂くために、出題頻度の高い問題を結集いたしました。最新のデータを含む精選された過去問題集で実力をお付けください。

また、志望校の選択には弊社発行の「**2025年度版　首都圏・東日本　国立・私立小学校　進学のてびき**」をぜひ参考になさってください。

〈本書ご使用方法〉

◆出題者は出題前に一度問題を通読し、出題内容などを把握した上で、〈**準　備**〉の欄に表記してあるものを用意してから始めてください。
◆お子様に絵の頁を渡し、出題者が問題文を読む形式で出題してください。問題を読んだ後で、絵の頁を渡す問題もありますのでご注意ください。
◆「**分野**」は、問題の分野を表しています。弊社の問題集の分野に対応していますので、復習の際の目安にお役立てください。
◆一部の描画や工作、常識等の問題については、解答が省略されているものがあります。お子様の答えが成り立つか、出題者が各自でご判断ください。
◆〈**時　間**〉につきましては、目安とお考えください。
◆本文右端の［**〇年度**］は、問題の出題年度です。［**2024年度**］は、「2023年の秋に行われた2024年度入学志望者向けの考査で出題された問題」という意味です。
◆**学習のポイント**は、指導の際にご参考にしてください。
◆**【おすすめ問題集】**は各問題の基礎力養成や実力アップにご使用ください。

〈本書ご使用にあたっての注意点〉

◆文中に**この問題の絵は縦に使用してください。**と記載してある問題の絵は縦にしてお使いください。
◆〈**準　備**〉の欄で、クレヨン・クーピーペンと表記してある場合は12色程度のものを、画用紙と表記してある場合は白い画用紙をご用意ください。
◆文中に**この問題の絵はありません。**と記載してある問題には絵の頁がありませんので、ご注意ください。なお、問題の絵の右上にある番号が連番でなくても、中央下の頁番号が連番の場合は落丁ではありません。
下記一覧表の●が付いている問題は絵がありません。

問題1	問題2	問題3	問題4	問題5	問題6	問題7	問題8	問題9	問題10
		●	●	●			●	●	●
問題11	問題12	問題13	問題14	問題15	問題16	問題17	問題18	問題19	問題20
					●				
問題21	問題22	問題23	問題24	問題25	問題26	問題27	問題28	問題29	問題30
	●	●						●	●
問題31	問題32	問題33	問題34	問題35	問題36	問題37	問題38		
●							●		

(得) 先輩ママたちの声！

◆実際に受験をされた方からのアドバイスです。
ぜひ参考にしてください。

桐朋学園小学校

・制作や巧緻性では小学校入試ではあまり見かけない材料（ふせん、割りピンなど）が使われることがあります。身の周りのものに目を光らせて、制作につなげていくとよいと思います。

・受付が終わると、子どもはすぐに会場に行ってしまうので、伝えるべきことは受付前に話しておきましょう。

・ノンペーパーの入試なので、さまざまな経験や幅広い分野の対策が必要だと感じました。ペーパー学習も無駄にはならないと思います。

・他校とは雰囲気が違い、ざっくばらんな感じでした。入試を楽しむくらいの気持ちで臨む方がよいと思います。

桐朋小学校

・保護者もいっしょに控え教室に移動して試験の順番を待ちます（10組くらいずつ）。順番が遅い場合、1時間30分くらい待つことになるので、子どもを飽きさせない工夫も必要になります。

・考査日当日に、「子育てに関するアンケート」が行われました。過程と諸学校の教育方針等について聞かれますので、事前に準備しておいた方がよいです。

・遊びに関する試験が多いので、ついはめを外して遊びすぎてしまわないよう、子どもにはきちんと言い聞かせておく必要があります。

〈桐朋学園小学校〉

※問題を始める前に、本書冒頭の「本書ご使用方法」「本書ご使用にあたっての注意点」をご覧ください。
※本校の考査は鉛筆を使用します。間違えた場合は×で訂正し、正しい答えを書くよう指導してください。

保護者の方は、別紙の「家庭学習ガイド」「合格のためのアドバイス」を先にお読みください。
当校の対策および学習を進めていく上で役立つ内容です。ぜひご覧ください。

2024年度の最新問題

問題１　分野：巧緻性・推理・行動観察

〈準　備〉　ブロックパズル

〈問　題〉　この問題は絵を参考にしてください。
パズルを使って、それぞれのお手本通りの形を作ってください。ブロックを使用するときは回転させてもかまいません。
①同じ色のパズルを使用し、お手本の形を作ってください。
②いろいろな色のパズルを使用し、お手本の形を作ってください。
③お手本の形と同じ形を作ってください。

〈時　間〉　10分

〈解　答〉　省略

アドバイス

実際の考査では、「ブロックス」という、正方形を組み合わせたブロック（パズル）が使用されました。イラストにあるような、さまざまな形状のものが用意され、これを組み合わせてお手本通りの形を作ります。①と②はできたお子様が多かったようですが、③はかなりの難問だったとのことです。本校では、「ブロックス」や、2023年度の試験で使用された「ジスター」など、市販のブロック等を使用した、図形や推理の問題が頻出されています。こうしたことから、ある程度、山を張って対策することも可能でしょう。有名なところでは「タングラム」があります。これら推理的思考や想像力が必要なパズルは、やはりある一定の慣れや繰り返しの学習が必要です。試験対策と頭の体操をかねて、過去に取り上げられたこうした知育玩具を使用するのも一つの方法でしょう。

【おすすめ問題集】
Ｊｒ・ウォッチャー16「積み木」、54「図形の構成」

問題2　分野：制作

〈準 備〉　画用紙、花紙、綿、段ボール

〈問 題〉　**この問題は絵を参考にしてください。**
画用紙を使って好きなものを作ります。
まず、画用紙を筒状にしてテープで留めます。下半分は短冊状に手でちぎります。あとは、ここにある物を使って好きなものを作りましょう。

〈時 間〉　15分

〈解 答〉　省略

アドバイス

自由制作の課題は、当校ではほぼ毎年出題されます。なかでも、出題文には制作の途中までは指示があります。まず画用紙を筒状にしてテープで留めます。そして、下半分をちぎります。この状態から、お子様自身が想像力を駆使して、好きなものを作ります。ちぎった箇所を、足に見立ててタコを作ったお子様もいれば、筒状の形そのものを利用し、望遠鏡に見立てたお子様もいたようです。また、イラストのようにニワトリを作ったというお子様もいました。モチーフとしてどれが正解ということはもちろんありません。切る、貼るといった基本的な工程を丁寧に行っているか、道具の持ち方や使い方に誤りがないか、道具やゴミをきちんと片づけられたか、結果だけでなく、その過程を含めて総合的に評価されるのが制作課題であることを、お子様にはぜひ指導してください。

【おすすめ問題集】
実践 ゆびさきトレーニング①・②・③、Jr・ウォッチャー23「切る・貼る・塗る」25「生活巧緻性」、29「行動観察」

問題3　分野：行動観察

〈準 備〉　なし

〈問 題〉　**この問題の絵はありません。**
これから先生が動物の真似をします。先生のお手本を見て、皆さんも円の中心で動物の真似をしてください。

〈時 間〉　適宜

〈解 答〉　省略

家庭学習のコツ①　「先輩ママたちの声」を読みましょう！

本書冒頭の「先輩ママたちの声」には、実際に試験を経験された方の貴重なお話が掲載されています。対策学習への取り組み方だけでなく、試験場の雰囲気や会場での過ごし方、お子様の健康管理、家庭学習の方法など、さまざまなことがらについてのアドバイスもあります。先輩ママの体験談、アドバイスに学び、ステップアップを図りましょう！

アドバイス

実際の試験では、先生がウサギ、ゾウ、ワニのお手本を示して、それを真似て子どもたちが４～５人ずつ、円の中で動物の真似をしました。これを数回繰り返したそうです。円の中で一緒に行うお友達は毎回違う人とグループになるようにとの指示があったそうです。先生も含め、初めて会う人の前で動物の真似をするというのは、お子様にとって恥ずかしかったり、照れくさかったりすると思います。本問は、そうした状況の中でも先生のお手本をきちんと見て、堂々と発表できるかが重要になります。また、他のお友達が動物の真似を発表しているときに、姿勢よく見ていることができるか、また、終わったあと拍手ができるかといった発表以外の様子も重要な観点になります。

【おすすめ問題集】
新 運動テスト問題集、Ｊｒ・ウォッチャー28「運動」、29「行動観察」

問題４　分野：行動観察

〈準 備〉　大型のソフトブロック

〈問 題〉　**この問題の絵はありません。**
この問題は４～５人のグループで行います。
ソフトマット（ジョイントマット）を使用して、お友達と秘密基地を作りましょう。

〈時 間〉　15分

〈解 答〉　省略

アドバイス

およそ入学試験とは思えないような内容ですが、これこそ当校を象徴するような課題といえるでしょう。実際の考査では、連結できるタイプのブロックが使用されました。これを使って、４～５人のグループで秘密基地を作ります。基地といえば、周囲を取り囲み、外からは見えないようにする、という程度の共通認識はあるでしょう。そのうえで、大きさはどうするのか、形は長方形なのか、丸い形状なのか、壁の高さ、飾り付けなど、たくさんの要素があります。これを見知ったお友達同士ならまだしも、試験で初めて会うお子様と作ることになります。これは、単にリーダーシップを発揮すればよいというものではなく、自分の意見も発信しつつ、周囲も尊重するという非常に高度なコミュニケーション力が求められます。難しく考える必要はありませんが、想像力を発揮しつつ、周囲にもやさしさや思いやりを持って接するようお子様に指導していただければと思います。

【おすすめ問題集】
Ｊｒ・ウォッチャー29「行動観察」、56「マナーとルール」

問題5　分野：行動観察

〈準備〉　風船、風船を受けるネット

〈問題〉　**この問題の絵はありません。**

①『風船つき（１人）』

１人につき１つ、風船が配られる。

風船を手でついて、上に飛ばしましょう。風船が下りてきたら、もう一度手でついて上に飛ばし、風船が落ちないようにして下さい。風船が落ちてしまったときは、拾ってやり直しましょう。

②『風船つき（グループ）』

３、４人程度のグループで行う。１グループにつきネット１枚、風船１つが配られる。

グループの皆でネットを持って、風船つきをしましょう。風船が落ちてしまったときは、手で拾ってやり直しましょう。

〈時間〉　各３分

〈解答〉　省略

［2023年度出題］

アドバイス

当校の問題は、こうしたゲーム感覚で行う内容のものが多く出題されます。本問に似たところでは、紙風船をうちわであおぎながらは運ぶ内容のものも出題されました。こちらもやはり４人１組で行われました。こうした集団による課題は、つい遊びのような感覚になりがちですので、課題を指示通り行うためには、周りの雰囲気に惑わされない意志の強さが求められます。また、風船つきは誰でもできることですが、なるべく高く、まっすぐ上にあげると、落ちにくくなります。②は数人で行う課題ですので、お友達と息を合わせて行えるようにしたいところです。そのための声掛けも、必要に応じてできればいうことはありません。

【おすすめ問題集】

新 運動テスト問題集、Ｊｒ・ウォッチャー28「運動」、29「行動観察」

家庭学習のコツ②　「家庭学習ガイド」はママの味方！

問題演習を始める前に、試験の概要をまとめた「家庭学習ガイド（本書カラーページに掲載）」を読みましょう。「家庭学習ガイド」には、応募者数や試験課目の詳細のほか、学習を進める上で重要な情報が掲載されています。それらの情報で入試の傾向をつかみ、学習の方針を立ててから、対策学習を始めてください。

問題6　分野：推理思考

〈準備〉　6－1は円の中を、6－2は指定された箇所に色を塗っておく。
6－1の絵の点線部分を切り取っておく。

〈問題〉　6－2の絵を見てください。
①青、赤、黄の3つのブロック（6－1の絵から切り取ったもの）を、マスの縦、横、斜めの列がまっすぐの線になるように置いてください。ブロックを置くとき、隣り合ったブロックとマスの色が、同じにならないようにしてください。
②青、赤、黄、緑の4つのブロック（6－1の絵から切り取ったもの）を、マスの縦、横、斜めの列がまっすぐの線になるように置いてください。ブロックを置くとき、隣り合ったブロックとマスの色が、同じにならないようにしてください。

〈時間〉　各2分

〈解答例〉　下図参照

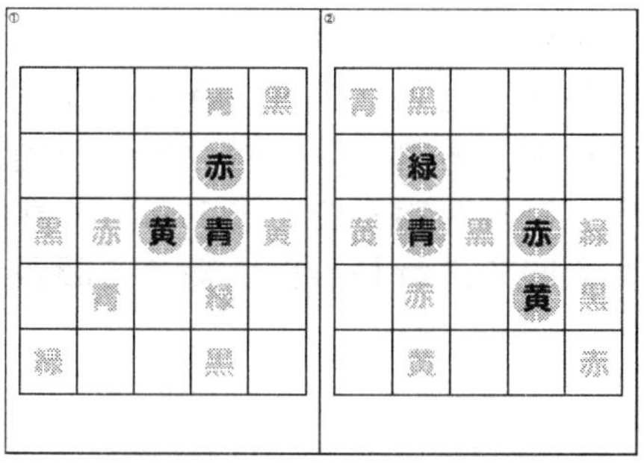

［2023年度出題］

アドバイス

実際には「ジスター」というブロックのような知育玩具を使用しました。幼児期のお子様向けの知育玩具としては、ベストセラーとなった商品ですので、お持ちのご家庭もあるかもしれません。本問は、色の並び順と共に、隣同士が同じ色にならないようにする必要があります。置く組み合わせがすぐにひらめくこともあるでしょうが、なかなか答えがみつからないことも考えられます。本問は、たとえそうであっても、終了の時間までいろいろな組み合わせを試して、答えを導き出そうと取り組む姿勢が重要になります。お子様には、あきらめず最後までやりぬくよう指導してください。

【おすすめ問題集】
Jr・ウォッチャー6「系列」、29「行動観察」

家庭学習のコツ③　効果的な学習方法～問題集を通読する

過去問題集を始めるにあたり、いきなり問題に取り組んではいませんか？　それでは本書を有効活用しているとは言えません。まず、保護者の方が、すべてを一通り読み、当校の傾向、ポイント、問題のアドバイスを頭に入れてください。そうすることにより、保護者の方の指導力がアップします。また、日常生活のさまざまなことから、保護者の方自身が「作問」することができるようになっていきます。

問題7　分野：観察・想像力

〈準 備〉　6－1の絵から切り取ったもの

〈問 題〉　（問題7の絵を見せる）
上のお手本を見て、同じ形になるようにブロックを組み立ててください。どの色のものを使ってもかまいません。

〈時 間〉　5分

〈解 答〉　省略

［2023年度出題］

アドバイス

問題6と同様、「ジスター」という知育玩具が使用されました。ジスターは、花びらのような形状の切れ込みが入っており、これを組み合わせることで、ブロックのようにさまざまな物を作ることができます。本問はこの特徴を利用し、課題通りのものが作れるかどうかを観るものです。実際につなげる内容は、お手本と同様のものを横に連結させただけです。ですので、指示をしっかり聞いてさえいれば、それ自体、特に難しい内容のものではないでしょう。そういった意味では、本問もパズルを組み立てることができたかどうかというよりは、試験に取り組む姿勢や受け答えを観る、行動観察に関する問題といえるでしょう。

【おすすめ問題集】
実践 ゆびさきトレーニング①・②・③、
Ｊｒ・ウォッチャー25「生活巧緻性」、29「行動観察」

問題8　分野：制作

〈準 備〉　三角形のフローラルフォーム、セロハンテープ、ハサミ、モール（赤、青、黄）、S字フック、ストロー（太い物・曲がるもの）、花紙

〈問 題〉　この問題の絵はありません。
ここにある材料で「森や山に住む動物」「くるくる回るもの」「海の生き物」「走るもの」「飛ぶもの」の中から1つ選んで作ってください。ただし、フローラルフォームは切ってはいけません。

〈時 間〉　7分

〈解 答〉　省略

［2023年度出題］

アドバイス

森や山に住む動物であれば、クマのような動物や鳥、くるくる回るものというと、コマや観覧車、またはヘリコプターもそうかもしれません。海の生き物であれば、魚やイルカ、クジラ、走るもの、飛ぶものというと、自動車や電車、飛行機などがあるでしょうか。本問は、お子様がこうした制作物のどれを作ったとしても、すべてが正解といえるでしょう。本問の観点は、お子様の発想力や想像力と共に、道具の使い方、始めるとき、作っているときの様子、作り終わったときの態度などを含めて、総合的に判断されます。これらはお子様のご家庭での様子がそのまま反映してしまいますので、道具を正しく使う、後片付けを行うなど、基本的な事柄についてきちんと行えるよう指導してください。

【おすすめ問題集】

実践 ゆびさきトレーニング①・②・③、Jr・ウォッチャー23「切る・貼る・塗る」25「生活巧緻性」、29「行動観察」

問題9 分野：行動観察

〈準備〉 大型のソフトブロック、ビニールテープで３m四方程度を囲う

〈問題〉 **この問題の絵はありません。**

４～６人のグループに分かれて行う。
グループ毎に指定された場所に移動する。
・グループの皆で協力して、テープで囲われたところに村を作ってください。
・ブロックは、線からはみ出ないように置きましょう。
・ブロックを積み上げるとき、1番背の高いブロックよりも高く積んではいけません。

〈時間〉 ５分

〈解答〉 省略

[2022年度出題]

アドバイス

５～６人のグループで、指定された場所にソフトブロックで村づくりをします。村というのはどんなところなのか、お子様によって、「家があるところ」、「囲ってあるところ」、「道があるところ」など、想像するものはずいぶん違うかもしれません。そんななか、ブロックを持っていきなり作り始めても、意思統一のとれたものを作るのは難しいでしょう。本校では、こうした数人で行う制作や行動観察の課題が頻出です。試験対策としては、試験で初めて会うお友達と協力して何かを作る課題が出題されるため、その際はまずお友達同士で話し合うことを、保護者の方は指導してください。そのうえで、お互いを尊重しつつ協力して行動することが重要な観点といえるでしょう。

【おすすめ問題集】

実践 ゆびさきトレーニング①・②・③、Jr・ウォッチャー23「切る・貼る・塗る」25「生活巧緻性」、29「行動観察」

問題10　分野：行動観察（風船遊び）

〈準備〉　風船、ラケット、ネット（四角、三角、円型のものそれぞれ1つ）

〈問題〉　**この問題の絵はありません。**
（問題９と同じ部屋で行われる）
皆で力を合わせて、風船をカゴに運び入れましょう。風船を運ぶとき、次のお約束を守って下さい。

・三角のネットは３人、四角のネットは４人で持ってください。円型のネットは何人で持ってもかまいません。
・ネットの上に風船を置いて、カゴのところまで運びましょう。風船を置くときは手を使わず、横に置いてあるラケットを使ってください。
・風船を運ぶとき、道からはみ出たり、村を壊さないようにしましょう。
・終わりの合図があるまで続けてください。

〈時間〉　適宜

〈解答〉　省略

［2022年度出題］

アドバイス

本問は、問題９で制作した村と同じ部屋で行われました。室内に風が吹いているわけではありませんので、よほど乱暴にネットを扱わなければ、風船がネットからはみ出すことはないでしょう。ただし、村を壊さないこと、道からはみ出ないこととありますので、この指示はしっかり守る必要があります。また、カゴに入れる際は、手を使わずラケットで入れる条件ですので、誰がラケットを使うのかをあらかじめ決めておくとよいでしょう。保護者の方は、お子様に先生の指示をしっかり聞くこと、お約束については、はじめにお友達同士で確認するよう指導してください。

【おすすめ問題集】
新 運動テスト問題集、Ｊｒ・ウォッチャー28「運動」、29「行動観察」

問題11　分野：制作（絵画）

〈準備〉　スタンプ３個（スポンジを○型・△型・□型に切り出したもの）
スタンプ台３つ（赤、青、黒）、画用紙

〈問題〉　**この問題は絵を参考にしてください。**
スタンプを使い、「飛ぶもの」「揺れているもの」「ぐるぐる回るもの」のうち１つを描いてください。スタンプはどのように使っても構いません。

〈時間〉　５分

〈解答〉　省略

［2022年度出題］

アドバイス

当校の制作課題は、ただ指示に従って行いさえすればよいというものではなく、発想力も求められます。特に本問では、飛ぶもの、揺れるもの、ぐるぐる回るものという指示はあるものの、具体的に何を描くようにという指示はありません。その分、与えられた材料や道具を使用し、成果物を通して自分自身を表現することが必要になってきます。本校は、募集人数に対し、８～９倍ほどの受験者がいる人気校の一つです。そうした中で、誰もが思いつくような無難な作品を提出するよりは、発想力を生かした目を引く作品を作れる方がよいでしょう。そのためにも、保護者の方は日頃からご家庭で絵を描いたり、工作できる環境づくりと共に屋外での豊富な体験・経験から得る知識を心掛けていただければと思います。

【おすすめ問題集】

実践 ゆびさきトレーニング①・②・③、Ｊｒ・ウォッチャー23「切る・貼る・塗る」25「生活巧緻性」、29「行動観察」

問題12　分野：行動観察

〈準備〉　この問題は絵を参考にしてください。
紙コップ、プラスチック製コップ、紙皿、トレイ
（コップの底、皿の底、トレイの底を右上の絵のように貼り合わせておく、各３組）プラスチック製の剣２本

〈問題〉　２人１組になってそれぞれ剣を持ってください。２人で剣を使って、テーブルの上にあるものを絵が描いてある箱まで運び入れてください。手を使ったり、テーブルに手を着いたりしないようにしてください。

〈時間〉　５分

〈解答〉　省略

［2022年度出題］

アドバイス

当校の行動観察では、５人程度のグループで行う課題がよく取り入れられます。一方、本問は２人１組で行います。その分、より一層、息を合わせて課題に取り組むことが重要になります。まず、つなぎ合わせた紙コップや紙皿を、それぞれが持つ剣ではさんで持ちます。それだけでもなかなか難しそうですが、これを対応する箱まで運ぶ必要があります。こうした遊びや運動が得意なお子様もいらっしゃるでしょうが、あまり得意でないお子様も当然いるでしょう。一緒に行うお子様がたとえ不得意そうでも、他者への思いやりの気持ちをもって接することができるかどうか、このような点こそが、単に上手に運べたかということ以上に重要な観点となってきます。

【おすすめ問題集】

新 運動テスト問題集、Ｊｒ・ウォッチャー28「運動」、29「行動観察」

問題13　分野：巧緻性

〈準 備〉　ふせん（黄色、桃色、緑色、青色）、ハサミ

〈問 題〉　この問題は絵を参考にしてください。
①先生と同じように、ふせんで丸の形を作ってください。
②ふせんにハサミで切り込みを入れて、丸をいくつもつなげてください。つなげる時に同じ色が隣になってはいけません。

〈時 間〉　15分

〈解 答〉　省略

［2021年度出題］

アドバイス

①では見本通りに作り、②では指示を守りながら自由に作るという形式です。2020年度の入試では割りピン、今年度はふせんが使われたように、当校ではあまりお子様になじみのない材料が用いられることがあります。そうした材料をどう使えばよいのかを考えさせることも観点の一つといえるでしょう。ふせんの特性（一部だけ粘着力がある）が理解できれば、それほど難しいものではありません。指示をしっかり守って、楽しみながら課題に取り組んでいきましょう。試験の形としては巧緻性ですが、指示行動としての側面もあります。2021年度入試は、課題が少なかった分、１つの課題の中に複数の観点があるようです。

【おすすめ問題集】
実践 ゆびさきトレーニング①・②・③、Ｊｒ・ウォッチャー23「切る・貼る・塗る」

問題14　分野：制作

〈準 備〉　ふせん（黄色、桃色、緑色、青色）、画用紙（中央に正方形、三角形、丸が描かれているもの 各１枚）、ハサミ

〈問 題〉　この問題は絵を参考にしてください。
「〇〇のもの」を作りましょう（春、夏、海など）。
画用紙（正方形、三角、丸）にふせんを貼って作ってください。
ふせんは切って使っても構いません。
画用紙は１回だけ折ることができます。

〈時 間〉　20分

〈解 答〉　省略

［2021年度出題］

アドバイス

「○○のもの」を作るというテーマや画用紙の形は、日程によって異なっていたようです。本文では、問題13でふせんに慣れさせて、それをどう使いこなして制作していくのかを観ているように感じます。巧緻性の問題と同様に作業自体の複雑さはありません。比較的自由度の高い制作問題なので、作品の出来を問われるものではありませんが、ていねいさやふせんの特性を活かすことを意識できるとよいでしょう。また、切ったふせんが散らかっていたり、後片付けができていないと高い評価を得ることはできません。制作物だけが評価されるのではないということをしっかりと覚えておきましょう。

【おすすめ問題集】
実践 ゆびさきトレーニング①・②・③、Ｊｒ・ウォッチャー23「切る・貼る・塗る」

問題15　分野：運動

〈準 備〉　跳び箱、でこぼこの平均台、ゴム、フープなど

〈問 題〉　**この問題の絵は縦に使用してください。**
「冒険ごっこ」をしましょう。
山コースと川コースがあるので好きなコースを選んでください。
コースの中でも好きなものを選んで進みましょう。
ゴールしたらスタートの場所に戻って、繰り返しやってみましょう。

〈時 間〉　適宜

〈解 答〉　省略

［2021年度出題］

アドバイス

サーキット運動ではありますが、コースが２つあり、コースの中にも選択肢があります。何度も繰り返しできるので、どちらのコースを選ぶのか、どの選択肢を選ぶのかというところも観られていると考えられます。うまくできなかったことにもう１度チャレンジするのか、毎回違った選択肢を選ぶのか、ずっと同じコースを選ぶのかなど、お子様の性格が観られているといえるでしょう。お子様にとっては楽しい課題なので、夢中になって本来の性格が出てしまうかもしれません。そういった意味では、運動テストではありますが、行動観察の要素もある、というよりは運動テストの形をとった行動観察といえるではないでしょうか。

【おすすめ問題集】
新運動テスト問題集、Ｊｒ・ウォッチャー28「運動」、29「行動観察」

〈桐朋小学校〉

※問題を始める前に、本書冒頭の「本書ご使用方法」「本書ご使用にあたっての注意点」をご覧ください。
※当校の考査はクーピーペンを使用します。間違えた場合は×で訂正し、正しい答えを書くよう指導してください。

保護者の方は、別紙の「家庭学習ガイド」「合格のためのアドバイス」を先にお読みください。当校の対策および学習を進めていく上で役立つ内容です。ぜひご覧ください。

2024年度の最新問題

問題16　分野：面接（志願者）

〈準 備〉　なし

〈問 題〉　**この問題の絵はありません。**
・名前は何と言いますか。
・幼稚園の名前は何と言いますか。……「○○幼稚園です」
・桐朋小学校に来たことはありますか。……「お父さんと１回、見学に来ました」
・そのとき、お父さんとどのようなお話をしましたか。……「自然広場でメダカやヤゴを見てみたいと話しました」
・好きな遊びは何ですか。……「お部屋の中ではブロックで動物園を作るのが好きです。お外では生きもの探しが好きです」
・生きものでは何が好きですか。……「動物園で見たトラがかっこよくて好きになりました。」
・トラについて知っていることを教えてください……「世界にはスマトラトラやアムールトラ、シベリアトラなどがいます。トラは住んでいる場所によって大きさが違います」

〈時 間〉　３分

〈解 答〉　省略

アドバイス

当校では、口頭試問の一つとして、簡単な面接が行われます。ご覧いただければわかるように、特別な対策が必要な内容ではありません。質問された内容に対して、さらに追加で質問されることもあるようです。本問でも「トラが好き」と答えたことについて、さらにトラについて知っていることを尋ねられています。こういった面接への対策としては、ご家庭で、保護者の方がお子様に園であったことを聞くようにするのがよいでしょう。保護者の方はお子様の園での生活について詳しくは知りません。知らないことを相手に伝える題材として、こうした会話は最適です。お子様の普段の園での過ごし方を知ることもでき、一石二鳥です。なお、面接でのその他の質問としては、「小学校までどのように来ましたか」、「時間はどれくらい掛かりましたか」など、定番ともいえる内容もあります。試験で緊張するのは当然ですが、言葉遣い、姿勢に気を付けて、明瞭な話し方をするよう心がけてください。

【おすすめ問題集】
新 小学校受験の入試面接Q＆A、口頭試問 最強マニュアル 生活体験編、
口頭試問 最強マニュアル ペーパーレス編

問題17　分野：絵画

〈準 備〉　画用紙、クレヨン

〈問 題〉　**この問題は絵を参考にしてください。**
画用紙に好きなメニューを描いて、夢のレストランを作りましょう。

〈時 間〉　10分

〈解 答〉　省略

アドバイス

レストランのメニューですので、ハンバーグやパスタ、ラーメンなど、食事のメニューが中心と思いきや、そこはやはり子どもですので、ケーキや果物、お菓子を描いたお子様が多かったようです。何を描いても自由ですので、モチーフによって評価されるということはありません。一つのメニューを詳しく描く、または、たくさん描くのも自由です。唯一、お約束として色はきれいに塗ってくださいという指示がありました。また、こういった絵画作品の場合、メニューだけでなく、レストランの飾りつけや、雰囲気が伝わるような模様を入れるなどすると、より出来栄えの良い作品になります。絵画作品を作る課題は、当校では頻出ですので、ご家庭で学習する際、こうしたアイディアを保護者の方はアドバイスできるようにしておくとよいでしょう。

【おすすめ問題集】
実践 ゆびさきトレーニング①②③
Ｊｒ・ウォッチャー23「切る・貼る・塗る」、25「生活巧緻性」、29「行動観察」

問題18　分野：制作

〈準 備〉　画用紙（絵のように丸く切っておく）、シール、クレヨン、ハサミ、のり

〈問 題〉　**この問題は絵を参考にしてください。**
てんとう虫のお面を作ります。丸い紙にてんとう虫の絵を描きましょう。目のところにはシールを貼ってください。てんとう虫の星は、三角形のものをクレヨンで描いてください。出来上がったら、お面を持って、てんとう虫の真似をして遊びましょう。

〈時 間〉　15分

〈解 答〉　省略

アドバイス

例年、出題される制作の課題です。工程として難しい点はありませんが、目はシールを使用すること、星は三角形に描くことといった指示がありました。お子様には、先生からの指示はきちんと聞くよう指導してください。また、制作においては、はさみの扱いをはじめ、道具の使い方は、数をこなして慣れることがとても大切です。のりやテープでの貼り方も同様で、はみ出さないようにする、きれいに貼るというのは一度や二度でできることではありませんので、ご家庭内で日常的に工作をする機会を作ってあげるようにしてください。また、制作が終わった後は、切ったゴミなどをきちんとまとめて、ゴミ箱に捨てましょう。制作・巧緻性の考査では、でき映えだけではなく、行動そのものも観られています。ふだんの様子があらわれやすいですから、こうした点にも注意を払う習慣を身に付けておきましょう。

【おすすめ問題集】
実践 ゆびさきトレーニング①②③
Ｊｒ・ウォッチャー23「切る・貼る・塗る」、25「生活巧緻性」、29「行動観察」

問題19　分野：制作

〈準 備〉　画用紙（絵を参考に色を塗っておく）、シール、クレヨン、ハサミ、のり

〈問 題〉　この問題は絵を参考にしてください。
アリさんのお面を作ります。画用紙の灰色のところを切って、アリさんの顔を描きます。アリさんの角は、余った画用紙で作りましょう。出来上がったら、アリさんの住むちいさな世界に行って遊びましょう。遊んだら、スキップして元の世界に戻ります。

〈時 間〉　15分

〈解 答〉　省略

アドバイス

本問は、問題18のてんとう虫のお面とは別の日の考査で行われました。画用紙に灰色の半円が描かれていて、これを切ってアリの顔に見立てます。目や口を描き、触覚となる角をつけると、アリらしく見えるでしょう。お面を作ったあとは、アリさんみたいに小さくなって、グループのみんなで遊びます。当校は、このような“遊び”の考査がほとんどですので、試験後はどのお子様も口をそろえて「楽しかった！」との感想を持つそうです。とはいえ、当校は募集に対し例年８～９倍程度の受験者がいる人気校ですので、単に試験で楽しく遊んでくれば合格できるということはありません。グループによっては、つい周りに流され騒がしくしているところもあったようです。試験ということを忘れず、先生の言うことをしっかり聞いて、日頃の生活で節度ある行動ができるよう指導を怠らないようにしていきましょう。

【おすすめ問題集】
実践 ゆびさきトレーニング①②③
Ｊｒ・ウォッチャー23「切る・貼る・塗る」、25「生活巧緻性」、29「行動観察」

問題20　分野：制作

〈準備〉　折り紙

〈問題〉　この問題は絵を参考にしてください。
折り紙を使ってパクパク君（パックンチョ）を作りましょう。作り終わったら、みんなでパクパク君リレーをしましょう。

〈時間〉　10分

〈解答〉　省略

アドバイス

折り紙の定番の一つである「パクパク君（パックンチョ）」を作りました。動物などの顔を描いて動かしたり、占いをしたりと、応用できる折り方です。折り方を知っているお子様が多いと思いきや、実際の試験では作り方を知らないお子様が半数以上いたグループもあったそうです。先生が折り方のお手本を示しますが、慣れていないお子様にとっては、最後の工程がやや難しいかもしれません。当校では、折り紙を使った制作も頻出ですので、パクパク君や折り鶴、風船、風車など、一般的な折り方は身に付けておいた方がよいでしょう。制作後は、パクパク君を指で動かして遊びました。実際にやってみると分かりますが、これを片手で上下左右に動かすのはなかなか難しいです。保護者の方も、ぜひ一度はチャレンジしてみましょう。

【おすすめ問題集】
実践 ゆびさきトレーニング①②③
Ｊｒ・ウォッチャー23「切る・貼る・塗る」、25「生活巧緻性」、29「行動観察」

問題21　分野：数量（数を分ける）

〈準備〉　おはじき８個

〈問題〉　ドングリを、リス君に同じ数ずつ配ります。
①８つのドングリを、４匹のリス君に同じ数ずつ配ると、リス君はドングリをいくつもらえますか。その数だけおはじきを置いてください。
②このときドングリは余りますか、それとも余らないですか。余ると思う人は、右下の四角の中におはじきを１つ置いてください。余らないと思う人は２つ置いてください。

〈時間〉　各30秒

〈解答〉　①２　②２

家庭学習のコツ①　「先輩ママたちの声」を読みましょう！

本書冒頭の「先輩ママたちの声」には、実際に試験を経験された方の貴重なお話が掲載されています。対策学習への取り組み方だけでなく、試験場の雰囲気や会場での過ごし方、お子様の健康管理、家庭学習の方法など、さまざまなことがらについてのアドバイスもあります。先輩ママの体験談、アドバイスに学び、ステップアップを図りましょう！

アドバイス

ペーパーテストでも、絵を見ながら印をつけたりすれば、簡単に数える（数を分ける）だけの問題になりますが、本問ではおはじきを使用するのでさらにイメージしやすくなるのではないでしょうか。受験は当校だけの単願であればそれでも問題はありませんが、数の概念を持つ、つまりおはじきを使用したり、イラストに印を付けるといったことなく、「数を分ける」ことができた方が小学校受験をする上では有利です。また、このようなわかりやすい問題を間違えた場合は、お子様がどういった原因で誤答となったのかを明確にしておきましょう。

【おすすめ問題集】
Ｊｒ・ウォッチャー40「数を分ける」、口頭試問 最強マニュアル ペーパーレス編

問題22　分野：保護者アンケート

〈準備〉　なし

〈問題〉　この問題の絵はありません。
（考査日当日に提出）
「最近の具体的なエピソードを元に、『子育てについて、ご家庭で大切にしていること』と『桐朋小学校の教育について大切にされていること』との繋がりについて教えてください」

〈時間〉　適宜

〈解答〉　省略

アドバイス

当校では、例年、保護者面接は行われていませんが、考査日当日に、小学校受験の面接で聞かれるような内容のアンケートが実施されます。本年度は、上記について400～500字程度でまとめるといった内容でした。ご家庭と桐朋小学校の教育方針のつながりや共通点について、エピソードを交えてまとめる必要があります。とはいえ、難しく考える必要はありません。その小学校の教育方針をしっかり理解し、ご家庭での考え方と合致しているからこそ、受験されるのでしょうから、その点について奇をてらうことなくまとめさえすればよいのです。アンケートの内容は年度によって少しずつ異なりますが、学校やご家庭での教育方針、最近ご家庭であったことといったキーワードは共通していますので、当日、アンケートを渡されて困らないよう、おすすめ問題集などを参考に準備しておくとよいでしょう。

【おすすめ問題集】
新 小学校受験 願書・アンケート・作文 文例集500

2023年度以前の過去問題

問題23　分野：面接（志願者）

〈準 備〉　なし

〈問 題〉　**この問題の絵はありません。**

・名前は何と言いますか。
・幼稚園の名前は何と言いますか。……「○○幼稚園です」
・幼稚園にまず入ると、何がありますか。……「靴箱です」
・その次に何がありますか。……「園長先生が消毒をしてくれます」
・その次には何がありますか。……「左に曲がると、階段があります。上がっていくとお部屋があります」
・では、幼稚園で1番好きなところはどこですか。……「お部屋から出て、まっすぐ行くとトイレがあって、その奥には子ども図書館があります」
・では、私がそちらの扉を開けますよ。ここにはどんな本があるのかな。……「かいけつゾロリの本です」

〈時 間〉　３分

〈解 答〉　省略

［2023年度出題］

アドバイス

３人に分かれ、その後１人ずつ入室します。部屋ではカメの人形が現れて、名前や通っている園についてなどの質問を受けます。通常、こういった面接であれば、先生が行うところが、カメの人形に扮している点が、やや特殊な状況といえるでしょう。質問について、問題文にもあるような、たとえば「　」の中のように答えると、関連した質問が続きます。上記はその一つの例です。質問時間は３分程度になります。その間、他の２人は廊下で待機していたようです。質問内容はお子様に関する身近な事柄が中心で、その内容によって評価が分かれるということはそれほどありません。質問に答えるときの態度、話し方、また待機しているときの態度が主に観察の対象になりますので、保護者の方はこの点を事前にご指導いただければと思います。

【おすすめ問題集】
新 小学校受験の入試面接Ｑ＆Ａ、口頭試問 最強マニュアル 生活体験編、
口頭試問 最強マニュアル ペーパーレス編

家庭学習のコツ②　「家庭学習ガイド」はママの味方！

問題演習を始める前に、試験の概要をまとめた「家庭学習ガイド（本書カラーページに掲載）」を読みましょう。「家庭学習ガイド」には、応募者数や試験課目の詳細のほか、学習を進める上で重要な情報が掲載されています。それらの情報で入試の傾向をつかみ、学習の方針を立ててから、対策学習を始めてください。

問題24　分野：数量（分割）・観察

〈準 備〉　問題24－1の絵から□・○・△・◇・◆のカードを各2枚、△カード9枚を切り離しておく

〈問 題〉　①ここにある△のカードを同じ数ずつ、4つの箱に分けてください。いくつずつ入りましたか。いくつ余りましたか。
②ここにあるカードをお手本と同じようにおいてください。

〈時 間〉　3分

〈解 答〉　①各2枚ずつ置き、1枚余り　②省略

［2023年度出題］

アドバイス

①のような分割に関する問題は例年出題されます。数についてはおおむね10までの範囲で問われることが多く、本問では4分割でしたが、2分割や3分割で問われることも過去にありました。数をしっかり数えられること、分割を理解できるようにしておくとよいでしょう。こういった分野の学習には、やはりおはじきなどの具体物を使用し、実際に分けながら学習するのが効果的です。実際に手を動かし、分けていくことで自然と分割することの概念が見についてくるでしょう。②については、置いてある形と向きをしっかり観察することが重要です。本問の用紙を利用すれば、同種の問題がいくらでも作ることができますので、ぜひ応用して楽しくたくさん解いてください。

【おすすめ問題集】
実践 ゆびさきトレーニング①②③
Ｊｒ・ウォッチャー23「切る・貼る・塗る」、25「生活巧緻性」、29「行動観察」

問題25　分野：言語（音数）

〈準 備〉　すごろくの台紙、動物や昆虫の絵が描かれたカード、おはじき

〈問 題〉　すごろくをしましょう。今から動物や昆虫の絵が描かれたカードを見せますので、スタートのある★のところから、その絵の名前の音の数だけ進みます。進んだところにはおはじきを置いてください。同じようにして進んでください。

〈時 間〉　2分

〈解 答〉　省略

［2023年度出題］

アドバイス

すごろく自体は園のレクリエーションなどで遊んだことのあるお子様が多いでしょう。だからといって絵を見たとたんに行動に移すのではなく、まず先生の指示をきちんと聞いたうえで、行動をすることが重要です。本問は、描いてある生きものの名前の音の数だけコマを進めるという、すごろくとしては特殊なルールになっています。この点について、きちんと指示を聞いている必要があります。また当然、カードに描かれている絵が何か分かることも必要ですが、これに関してはカブトムシやウサギなど、どのお子様も知っているものがほとんどだったようです。ただ、絵を見て移動するときに、つい声が出てしまうお子様がいたようです。頭の中で読んで、言葉に出さずにできるようにすることです。

【おすすめ問題集】
Ｊｒ・ウォッチャー27「理科」、29「行動観察」、55「理科②」

問題26　分野：制作（人形作り）

〈準備〉　封筒、のり、ハサミ、クレヨン、洗濯ばさみ、新聞１枚の半分

〈問題〉　描いてある○、長方形、△を切り取ってください。今からここにあるものを使って、魔法のジュータンに乗った人形を作ります。封筒は人形の体にします。丸い形は顔にします。手や足はクレヨンで書いても、切り取った形を張ってもどちらでも構いません。顔はクレヨンで書いてください。新聞はくしゃくしゃにしてから広げて絨毯にします。洗濯ばさみは人形と絨毯が離れないように止めるのに使ってください。

〈時間〉　７分

〈解答〉　省略

［2023年度出題］

アドバイス

指示をしっかりと理解して取り組めるかどうかが本問のポイントになります。作業としては、台紙から○や長方形、△を切って、胴体に見立てた封筒にのりで貼り付けて、顔などの絵を描くというもので、一つひとつはそれほど難しいものではありません。ただし、指示を聞いていないと、△や長方形を頭にしてしまったり、封筒を何に使うのか分からなくなってしまうこともあります。本問は、人形の出来栄えはもとより、先生の指示通りに材料を使い、丁寧にできたか、また、道具をきちんと片づけられたか、ゴミを散らかしていないかなども観られます。こういた観点の主題は、入学後、授業を受ける能力があるのかということになります。本問が単に工作の出来栄えを見る試験ではないこと理解したうえで、お子様に指導しましょう。

【おすすめ問題集】
実践 ゆびさきトレーニング①②③
Ｊｒ・ウォッチャー23「切る・貼る・塗る」、25「生活巧緻性」、29「行動観察」

問題27　分野：行動観察

〈準備〉　マット、ロープ、ブロック、コーン、シート、ワニのぬいぐるみやイラスト

〈問題〉　**この問題は絵を参考にしてください。**
（道が途中まで作ってある）
スタートからマットの上を、ケンパで進みます。途中の川にはワニがいますので、そこは飛び越えていきましょう。トンネルは膝を着いて潜って通り抜けてください。この道は途中までしかできていませんので、海まではたどり着けません。みんなで続きを作っていきましょう。

〈時間〉　適宜

〈解答〉　省略

［2023年度出題］

アドバイス

この問題は３人から４人で１組になり行われた課題です。前半は運動分野の行動観察、後半は集団でのふるまいを見る内容になります。とはいえ、本問をご家庭で練習というのは、準備するものが多くなかなか用意が大変です。そこで、それぞれをブロックに分けてやってみるとよいでしょう。ケンパは、特に道具は必要ありません。室内でも結構ですが、公園などの地面に○を描いて遊びながら練習するのもよいでしょう。トンネルくぐりは、ネットである必要はありませんので、大きめの紙で代用してもよいでしょう。後半のオリジナルのルート作りは、人と協調して行動がとれるか、道具を大切にし、整理も行えるかが観点になります。日頃から、周囲の人を尊重し、身の回りのものを大切するような行動がとれるよう保護者の方は指導してください。

【おすすめ問題集】
新 運動テスト問題集、Ｊｒ・ウォッチャー28「運動」、29「行動観察」

問題28　分野：制作（フリスビー作り）

〈準備〉　新聞紙、セロテープ

〈問題〉　**この問題は絵を参考にしてください。**
新聞紙を使って、お手本を参考にフリスビーを作ってください。作り終わったら飛ばしてみましょう。

〈時間〉　５分

〈解答〉　省略

［2023年度出題］

アドバイス

フリスビーがどのようなものか知っているお子様は多いでしょう。ただ、本問のように新聞紙を使ってフリスビーを作ったお子様はまずいらっしゃらないと思います。作り方もやや特殊ですので、先生の指示を正しく聞くことが本問では必要になります。新聞紙を丸めて輪にするところまではそれほど難しくはありません。テープは、しっかり留めなければ投げたときに外れてしまうこともあるので注意しましょう。フリスビーの投げ方については、①投げる方向に向かって真横向きになる、②背筋を伸ばし、胸の高さで水平にスイング、③投げる瞬間に手首をスナップさせるといった基本動作があります。とはいえ、これは言葉で説明し、理解させるといったものではありませんので、公園など広いところでご家族でぜひ遊びながら練習してみましょう。

【おすすめ問題集】
実践 ゆびさきトレーニング①②③、
Ｊｒ・ウォッチャー23「切る・貼る・塗る」、25「生活巧緻性」、29「行動観察」

問題29 分野：絵画

〈準備〉 Ｂ６サイズの紙数枚、鉛筆

〈問題〉 この問題の絵はありません。
この紙に好きなものを描いてください。描き終わったら紙をもらってまた好きなものを描いてください。

〈時間〉 ５分

〈解答〉 省略

［2023年度出題］

アドバイス

当校ならではの試験内容といえます。絵を描くのが好きで、ご家庭でこうした機会を多く持っているお子様であれば、本問のような「好きなものを描く」という課題に、すぐに着手できると思います。とはいえ、漠然と「好きなものを」と言われても、すぐには何を描いたらよいか浮かんではこないかもしれません。好きなものを描く、または作るという課題が「試験で出題されることがある」と事前に準備し、その際、どういったものを描くかイメージしておくことも必要でしょう。なお、こういった巧緻性の課題が出題される入試に対応するには、読み聞かせや、さまざまなものの見聞や経験が役に立ちます。そして想像して作る、描くなどを日頃からやっておくことです。

【おすすめ問題集】
実践 ゆびさきトレーニング①②③
Ｊｒ・ウォッチャー22「想像画」、23「切る・貼る・塗る」、24「絵画」、
25「生活巧緻性」、29「行動観察」

問題30　分野：行動観察

〈準 備〉　お玉、「あんたがたどこさ」、「おちゃらかほい」の曲

〈問 題〉　**この問題の絵はありません。**
・「あんたがたどこさ」の歌に合わせ、「さ」の音の時に持っていたお手玉を右の手から左の手へ、つぎの「さ」では左から右へと持ち替えながら、続けていってください。
・「おちゃらかほい」の曲に合わせじゃんけんをしましょう。

〈時 間〉　適宜

〈解 答〉　省略

［2023年度出題］

アドバイス

どちらも定番のわらべ歌です。お子様が通っている園でも、日常的に行われているのではないでしょうか。地域によって遊び方はやや異なりますが、リズムに合わせて手や足を動かすこうしたわらべ歌は、歌や運動の上達にとても適しています。これといった道具もいりませんし、ぜひご家庭でもお子様と楽しく遊びながら練習してみましょう。実際にやってみると、お子様の方が思いのほか手先を上手に動かしスピードも早くて、保護者の方がついていけない、ということもあるかもしれません。そういった点も踏まえて、お子様が上手であれば、ぜひたくさんほめてあげてあげましょう。こうした遊びに関する事柄は、楽しく行うことが上達への最善の近道になります。

【おすすめ問題集】
Ｊｒ・ウォッチャー29「行動観察」、56「マナーとルール」

問題31　分野：行動観察（玉入れ）

〈準 備〉　新聞紙見開きの半分、段ボール箱（受験者と３メートルのところに置く）

〈問 題〉　**この問題の絵はありません。**
新聞紙を丸めて、ボールを作ります。作ったボールを前にある箱に投げて入れてください。

〈時 間〉　適宜

〈解 答〉　省略

［2023年度出題］

家庭学習のコツ③　効果的な学習方法～問題集を通読する

過去問題集を始めるにあたり、いきなり問題に取り組んではいませんか？　それでは本書を有効活用しているとは言えません。まず、保護者の方が、すべてを一通り読み、当校の傾向、ポイント、問題のアドバイスを頭に入れてください。そうすることにより、保護者の方の指導力がアップします。また、日常生活のさまざまなことから、保護者の方自身が「作問」することができるようになっていきます。

アドバイス

問題28の「フリスビー」は、作り方がやや特殊でしたが、本問は新聞紙を丸めるだけですので作ること自体に難しさはありません。決められた時間の中で、大きいものを作るのも、小さいものもたくさん作るのも自由です。ただし、なるべく丸く、テープもていねいに留めた方がより印象はよくなります。投げ方は上手投げでも下手投げでもどちらでもかまいません。得意な投げ方で行ってください。なかなか箱に入らなかった時の態度に注意してください。市販のボールと異なり、新聞紙を丸めただけですのでどうしてもやや不規則に飛んでいきます。その際、入らなくても楽しんで投げ、工夫する様子が伝えられればよいでしょう。

【おすすめ問題集】
実践 ゆびさきトレーニング①②③、　Ｊｒ・ウォッチャー23「切る・貼る・塗る」、25「生活巧緻性」、28「運動」、29「行動観察」

問題32　分野：数量

〈準 備〉　おはじき赤７個、青４個をバラバラにおく

〈問 題〉　この問題は絵を参考にしてください。
どちらの数が多いですか。いくつ多いですか。教えてください。

〈時 間〉　２分

〈解 答〉　省略

[2022年度出題]

アドバイス

実際の入試では色のついた貝殻を使用して行われました。練習の際は、本問のようにおはじきが手軽ですが、ビー玉やスーパーボールなど、ご家庭でお子様が遊んでいるほかの物で代用してもかまいません。また、お子様がより関心を持てるよう、ときには飴などのお菓子を使ってみるのもお勧めです。その際、手を使わず目で数を数え、多い少ないの比較判断ができるようになることを目標にしてください。試験では、目で見て数を数えられるかどうかが観られるからです。本問は赤が７個、青が４個ですが、10程度までの数に対応できるよう、さまざま数を工夫しながら数えて、短い時間でより正確に数えられるようにしておくとよいでしょう。

【おすすめ問題集】
Ｊｒ.ウォッチャー14「数える」、29「日常生活」

問題33　分野：比較

〈準備〉　点線に沿って切り離しておく。

〈問題〉　どんぐりと松ぼっくりの絵があります。松ぼっくりを左から大きい順に並べてください。

〈時間〉　30秒

〈解答〉　省略

［2022年度出題］

アドバイス

本問で実際に比較するのは松ぼっくりだけで、どんぐりは、話をきちんと聞いているかどうかを観るための物と思われます。出題内容を正しく聞かずに、早とちりして松ぼっくりとどんぐりをすべて並べてしまったり、どんぐりだけを使ってしまうことのないようにしましょう。本問に限らず、出題内容を集中して聞くことは、どの問題にも共通することですので、保護者の方は日頃から人の話はしっかり聞くよう指導してください。また、並べ方を丁寧にする、終わったら「できました」と挨拶をするなど、解答する過程も重要な観点です。問題を集中して解く一方、こうした点についても気を配れるよう事前に準備しておきましょう。

【おすすめ問題集】
Ｊｒ・ウォッチャー15「比較」、29「行動観察」

問題34　分野：個別テスト（口頭試問）

〈準備〉　６枚の絵を線に沿って切り離す。

〈問題〉
・ここにある６枚のカードを仲間に分けてください。
・どうしてこのように分けたのか教えてください。この中でやったことがあるのはありますか。お話してください。
・やってみたいのは何かありますか。お話してください。

〈時間〉　２分

〈解答〉　省略

［2022年度出題］

アドバイス

一つ目の質問については、左上からキャンプ、虫採り、釣り、海水浴、山登りが夏、スキーだけ冬という仲間分けができる一方、山や海といった行う場所で分けることもできるかもしれません。こういったことについて、その理由がきちんと説明できれば問題ありません。次の、やったことのあることや、やりたいことを答えるときは、指で指すのではなく、言葉で答え、単語だけではなく「～です。」と最後の結びまで話すようにしましょう。最後の、やってみたいことについては、選ぶだけでなく、その理由についても説明できることが特に大事です。保護者の方は、日頃からお子様とよく会話し、お子様の話を聞いて、どうして、なぜなど、質問をし、お子様がご自身の考えを表現できるような工夫をするとよいでしょう。

【おすすめ問題集】
新 口頭試問・個別テスト問題集、口頭試問最強マニュアル ペーパーレス編、
Ｊｒ・ウォッチャー29「行動観察」

問題35 分野：絵画

〈準 備〉 クレヨン、A6版の紙（２枚）、のり

〈問 題〉
・好きな動物を描いてください。描き終わったらその動物を手でちぎり、終わったら動物園の絵（35-1）に貼ってください。いくつ描いても構いません。
・次に果物と土の中にできる野菜を描き、手でちぎってください。終わったら、畑の絵（35-2）を出し、ここに描いたものを貼ってください。

〈時 間〉 ７分

〈解 答〉 省略

［2022年度出題］

アドバイス

絵を描く、ちぎる、貼るの３つの工程があります。このなかで、絵を描いたり、のりやテープで貼ることはご家庭でもよく行っていると思います。しかし、「ちぎる」工程は行う機会が少なく、やや難しいかもしれません。１つ目は動物園ということで、キリンを描くお子様もいるかもしれませんが、首が細く長いので上手にちぎらないと切れてしまうこともあるでしょう。当校では、制作に関する出題で、本問のようにちぎる作業が盛り込まれることがありますので、ご家庭で練習し、慣れておくことをお勧めします。
２つ目の問題は土のなかにできるものとの条件があります。野菜や果物に関する知識を問う問題は、小学校受験では頻出の分野になりますので、土の中にできるもの、木に成るものなど、基本的な事柄については学習しておきましょう。

【おすすめ問題集】
実践 ゆびさきトレーニング①②③、 Ｊｒ・ウォッチャー23「切る・貼る・塗る」、
24「絵画」、25「生活巧緻性」、27「理科」、29「行動観察」、55「理科②」

問題36　分野：制作

〈準備〉　茶色の折り紙、画用紙、クレヨン、のり、ハサミ、四角に描かれている見本を太線に沿って切り離しておく。上は問題で使用します。下は見本となります。

〈問題〉　この問題の絵は縦に使用してください。
・絵を参考にしてください。折り紙を半分に折り、折線のところを切ってください。
・キャンプファイヤーの火のところを赤く塗ってください。塗り終わったら、はさみで切ります。テントは太線に沿って切り離してください。
・長四角になった折り紙2枚を図のように山の形になるようにのりで貼ります。その上にキャンプファイヤーをのせて、台紙に貼ってください。切り取ったテントも貼りましょう。完成です。

〈時間〉　適宜

〈解答〉　省略

［2022年度出題］

アドバイス

複数の指示があるため難しく感じますが、一つずつ順を追って進めていけば、複雑な工程は特にありません。当校は、制作、絵画を中心にした課題が必ず出題されます。その中でも、本問は比較的オーソドックスなものといえるでしょう。折り紙を折る、色を塗る、線に沿って切るなど、いずれも制作の分野では基本的な事柄です。これらを指示通り行うことが大切です。本問でいえば、折り紙を折る際は、きちんと半分に折る。火を塗るときは、はみださないように注意する。折り紙は薪に似せた形に貼る、こうした点に注意します。また、使った道具はきちんと片づける、クレヨンは元の入れ物に戻すなど、制作物以外についても気を配れるよう、指導しておきましょう。

【おすすめ問題集】
実践 ゆびさきトレーニング①②③、　Ｊｒ・ウォッチャー23「切る・貼る・塗る」、25「生活巧緻性」、29「行動観察」

問題37　分野：行動観察

〈準備〉　絵を４枚に切り離しておく

〈問題〉　この問題は４人で行います。１人に１枚ずつ地図が配られます。
ここにある４枚のカードをつないで、キャンプ場へ行く地図を完成させてください。

〈時間〉　適宜

〈解答〉　省略

［2022年度出題］

アドバイス

本問の場合、地図は４枚しかないので、パズルを解くように１人で行う方がむしろ簡単に並べることができるでしょう。本問は初めて会うお友達と一緒に考えて、どのように並べたら地図が完成するのかを話し合って進めるというところがポイントになります。皆１枚ずつ地図を持っているのですから、つい「私が、僕が…」となってしまいがちですが、相手を尊重し、誰から置いていくのか順番を決めてから始めるなど、ルールを作り、相談しながら進められるようにしたいところです。また、お友達がたとえ間違ったところに置いてしまったとしても、頭から否定せずに、「地図のつなぎ目がこうなっているから」など、きちんと説明できるかも重要です。本問は単なるパズルの問題ではなく、こうした立ち振る舞いや協調性を見るための試験であることを、お子様には理解させてください。

【おすすめ問題集】
Ｊｒ・ウォッチャー３「パズル」、29「行動観察」

問題38　分野：行動観察

〈準備〉　教室に川がありキッチンの場所がしつらえてある、お料理のおままごとセット、スイカのビーチボール、椅子、机、クリップ付きの魚、釣り竿、木製のテント用フレームとシート、虫取り網

〈問題〉　この問題の絵はありません。
（教室にキャンプ場セットが置いてあり、環境もキャンプ場になっている）
このようなところで、川のところを両足で飛び越えたり、グループでテントを張る、魚釣りをする虫取りなどキャンプごっこを楽しむ課題が出されました。

〈時間〉　適宜

〈解答〉　省略

［2022年度出題］

アドバイス

行動観察に関する、こうした「～ごっこ」の問題は例年出題されます。過去には「お店屋さんごっこ」が数年間にわたって出題されたこともありました。本問のような「キャンプごっこ」にせよ、「お店屋さんごっこ」にせよ、観るべきポイントは、先生の指示をきちんと聞くことができ、入学後の集団生活をする上で必要な素養を備えているかという点になります。自分の意見を発信すると共に、お友達の意見を尊重しているか、ふざけたりせず、まじめに取り組んでいるかなども重要になります。“遊び”といっても、そこは試験ですので、はめをはずして個人の自由に遊べばよいというものではないことを、お子様にご指導いただければと思います。

【おすすめ問題集】
Ｊｒ・ウォッチャー29「行動観察」

問題 1

ブロックの例。
さまざまな形状のものが
用意されている。
色は４色程度

①
同じ色のブロックを使用して、このお手本の形になるようにブロックを組み合わせる。

②
さまざまな色のブロックを組み合わせて、このお手本の形になるようにブロックを組み合わせる。

③
色は何を使用してもよい。このお手本の形になるようにブロックを組み合わせる。

日本学習図書株式会社

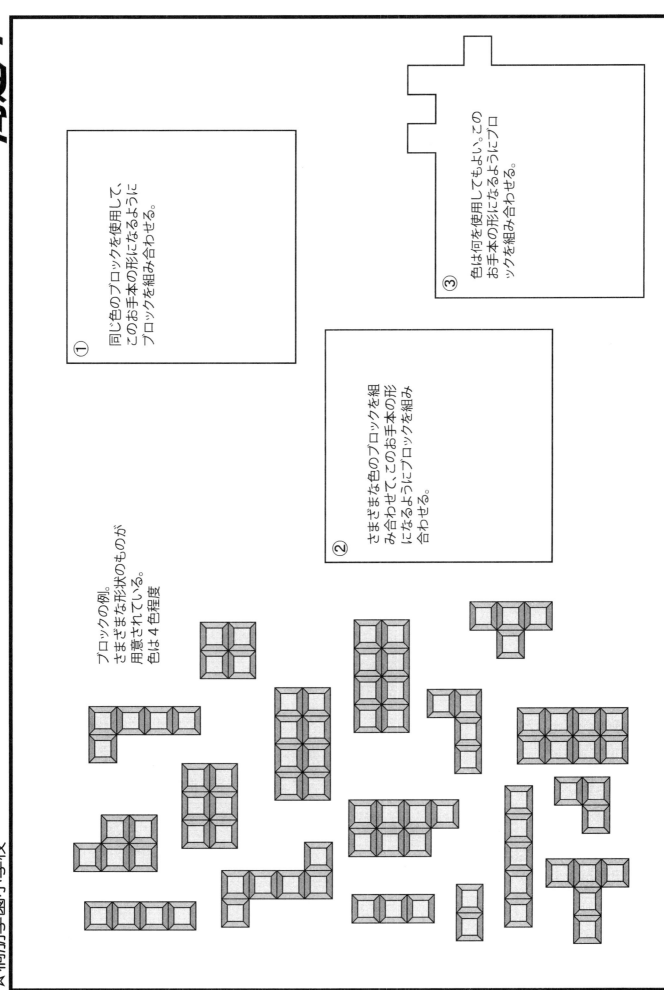

問題2

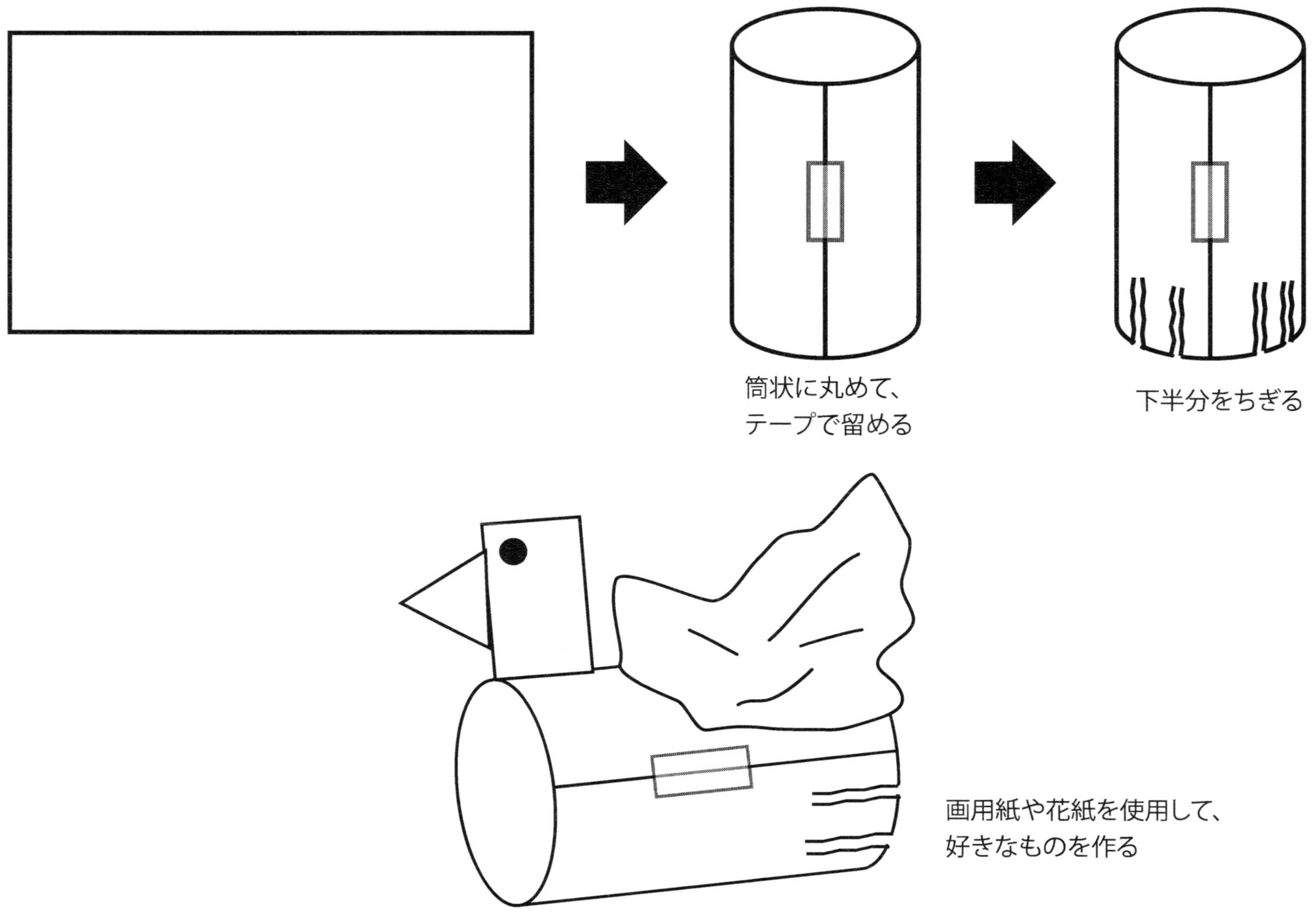
筒状に丸めて、
テープで留める
下半分をちぎる
画用紙や花紙を使用して、
好きなものを作る

問題６－１

赤　赤　青　青　黄　黄　緑　緑

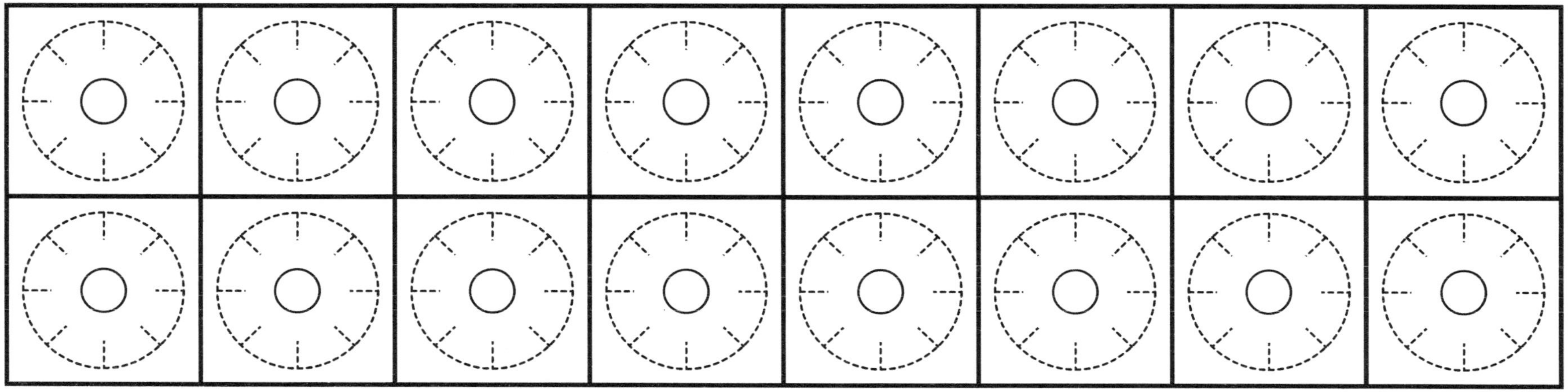

赤　赤　青　青　黄　黄　緑　緑

問題6－2

①

			青	黒
黒	赤			黄
	青		緑	
緑			黒	

②

青	黒			
黄		黒		緑
	赤			黒
	黄			赤

日本学習図書株式会社

問題7

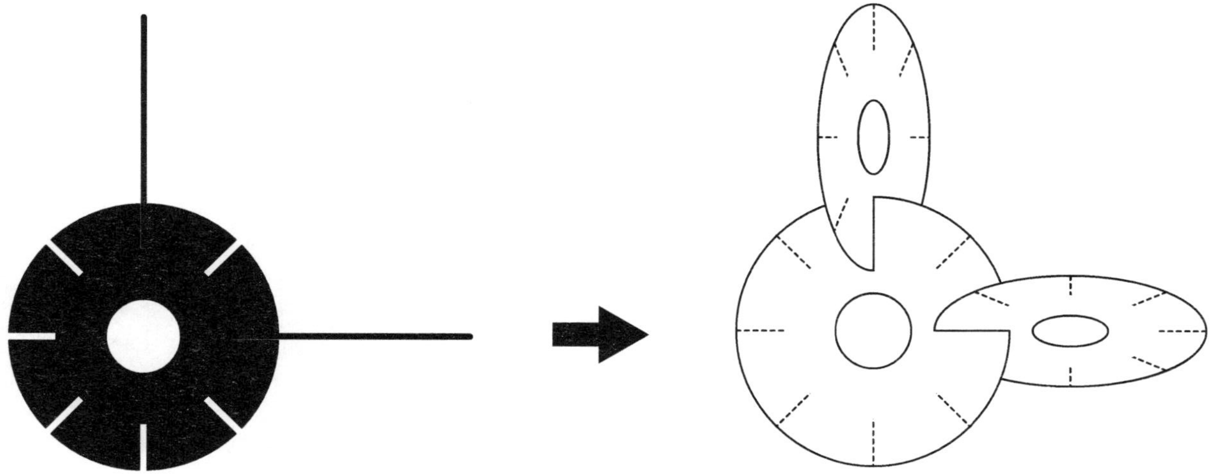

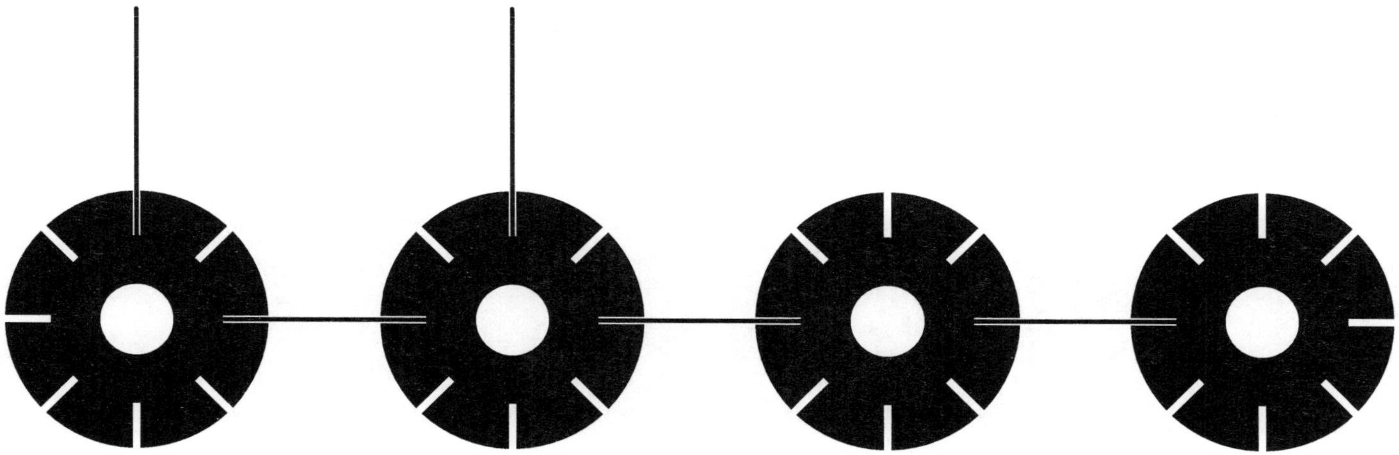

問題１１

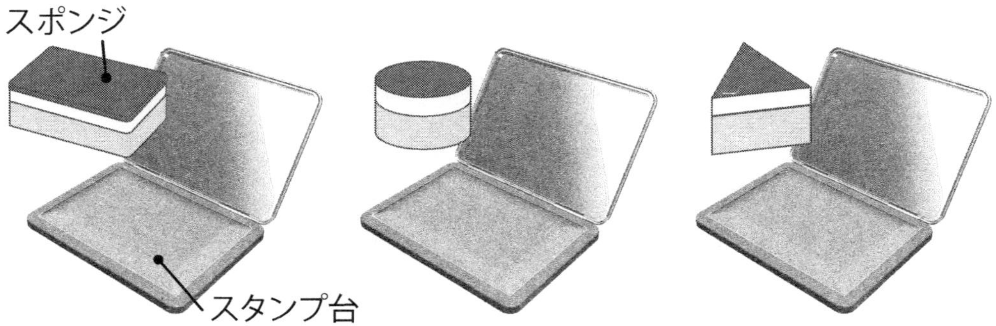

試し押しを
する場所

試し押しを
する場所

枠線

問題１２

問題１３

①

〈見本〉

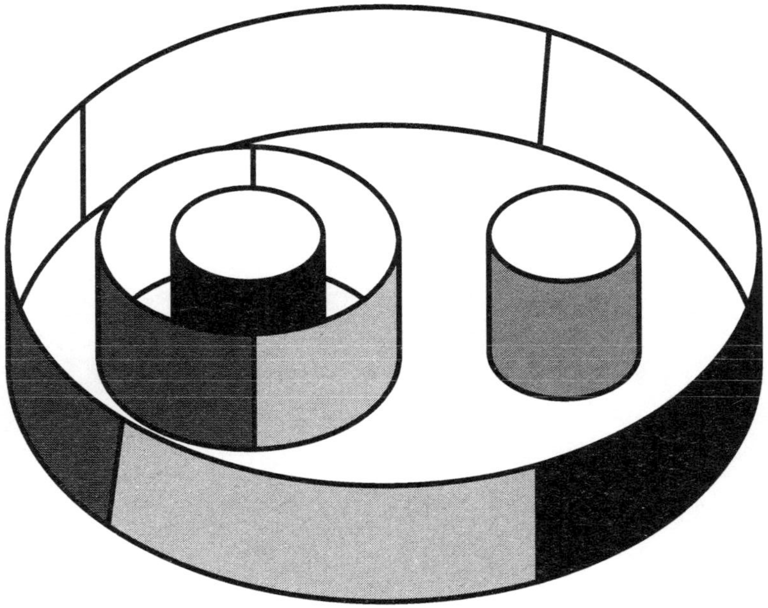

②

〈完成例〉

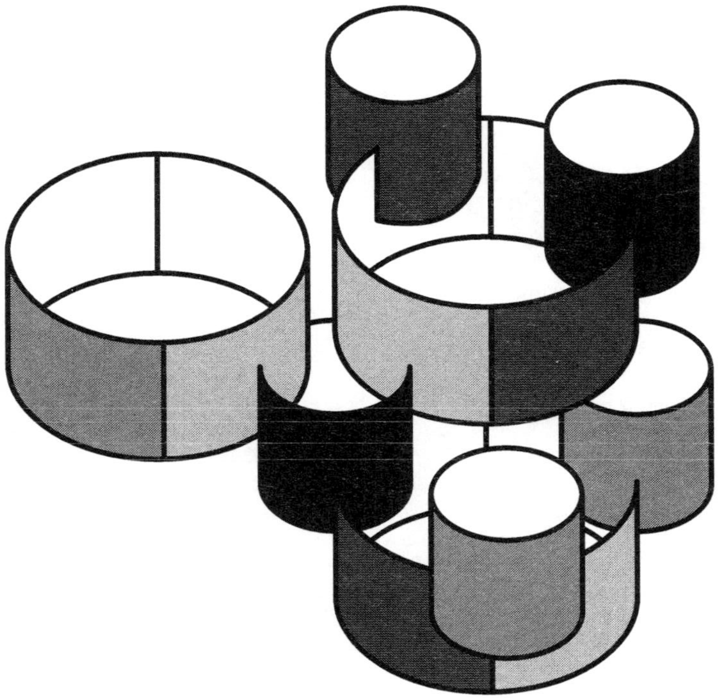

問題１４

〈完成例〉　夏のもの（スイカ）

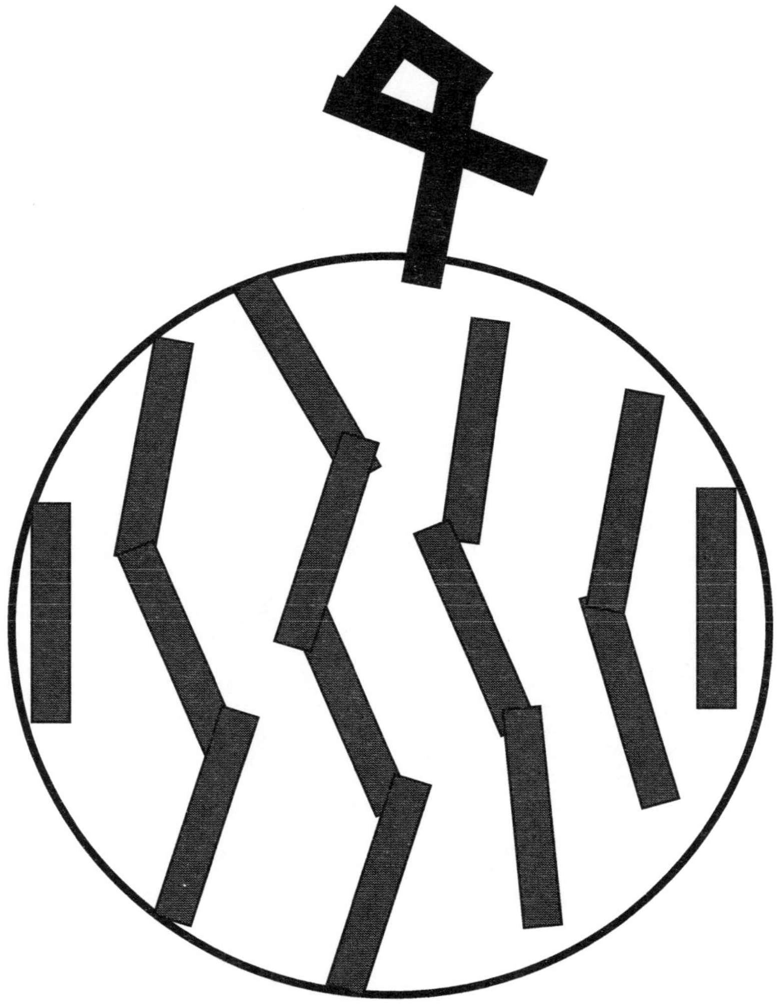

　

問題15

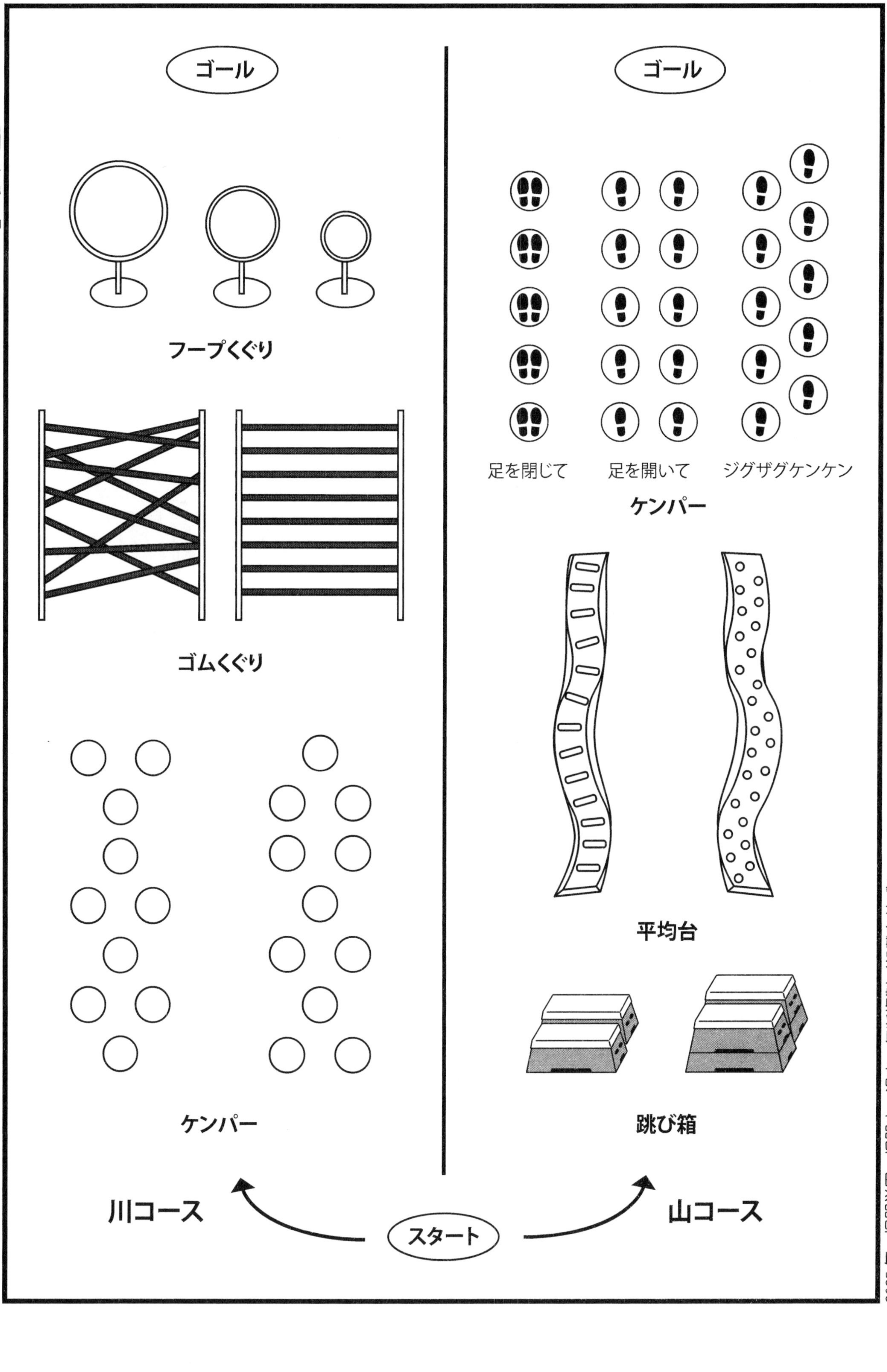
ゴール
ゴール
フープくぐり
足を閉じて
足を開いて
ジグザグケンケン
ケンパー
ゴムくぐり
平均台
ケンパー
跳び箱
川コース
スタート
山コース

問題１７

問題１８

目の箇所に貼る
シール

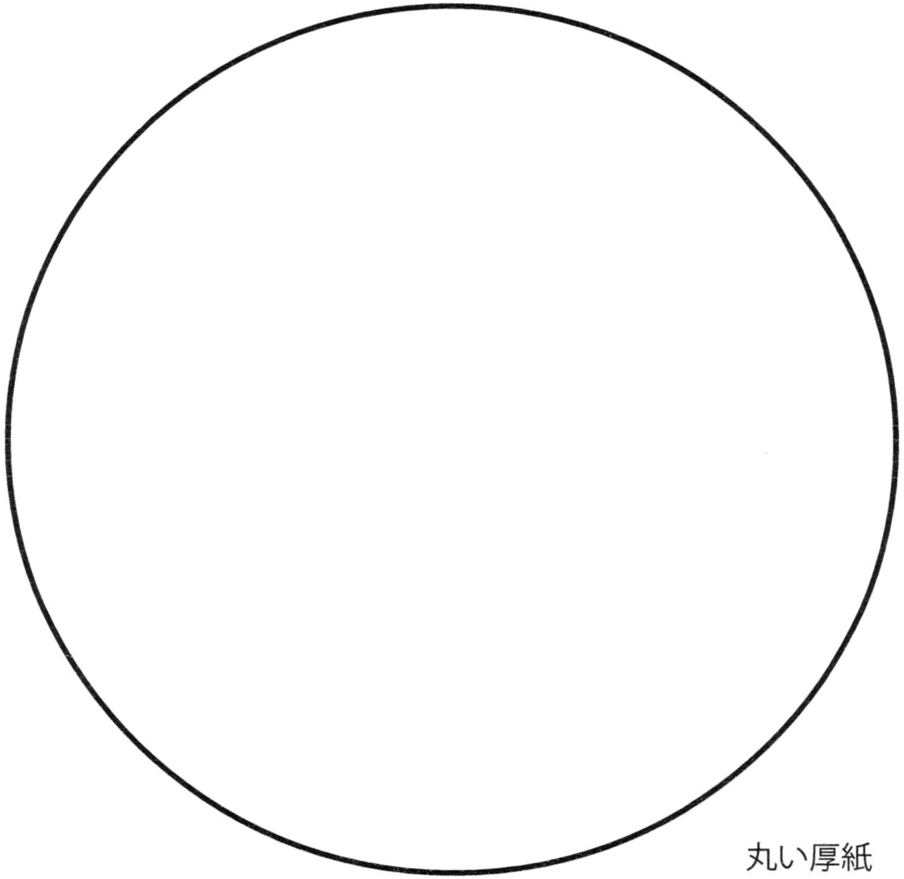

丸い厚紙

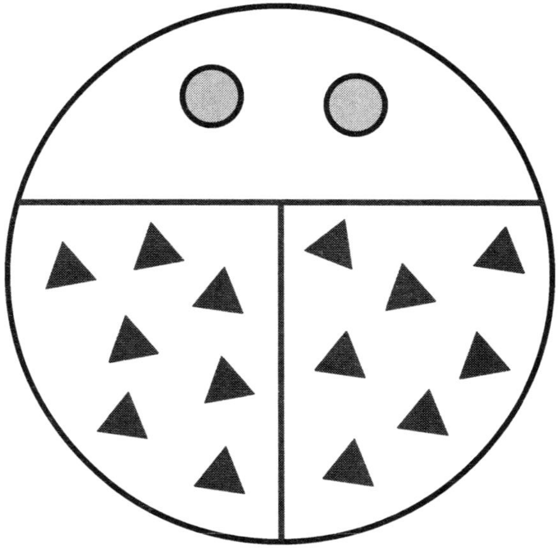

☆桐朋学園小学校

問題１９

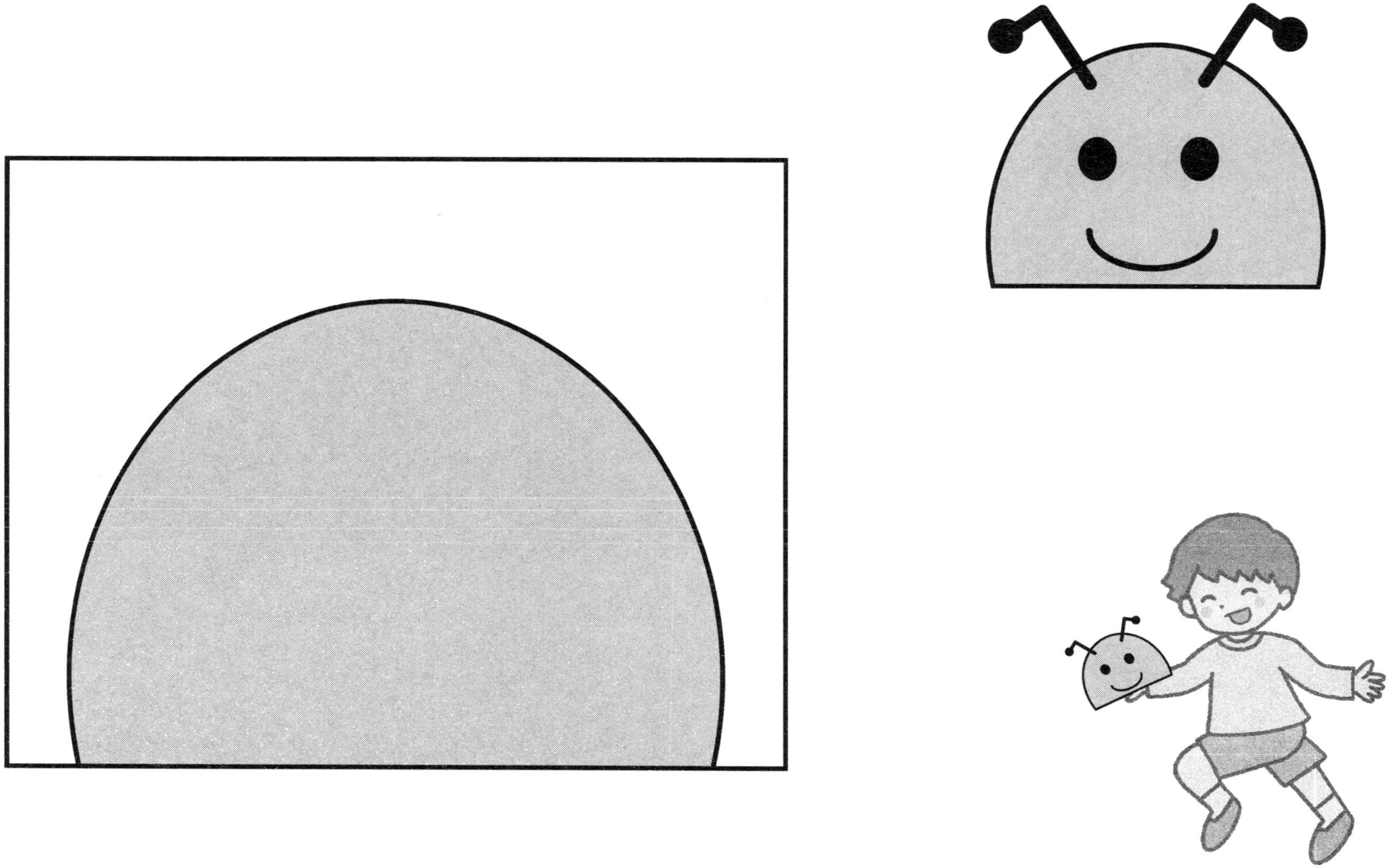

☆桐朋学園小学校

2025 年 桐朋学園・桐朋小 過去 無断複製／転載を禁ずる 日本学習図書株式会社

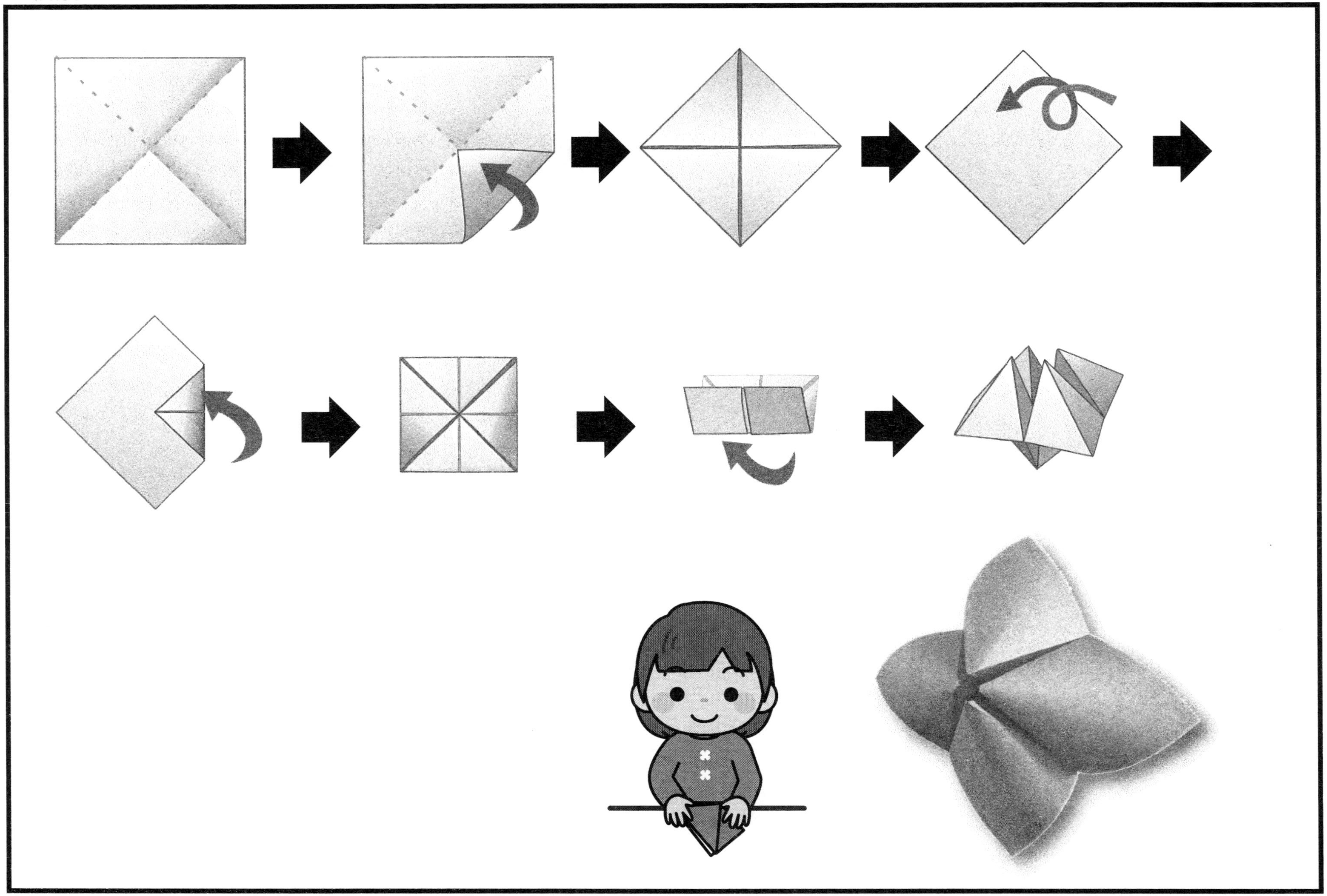

☆桐朋学園小学校

2025 年　桐朋学園・桐朋小　過去　無断複製／転載を禁ずる　　日本学習図書株式会社

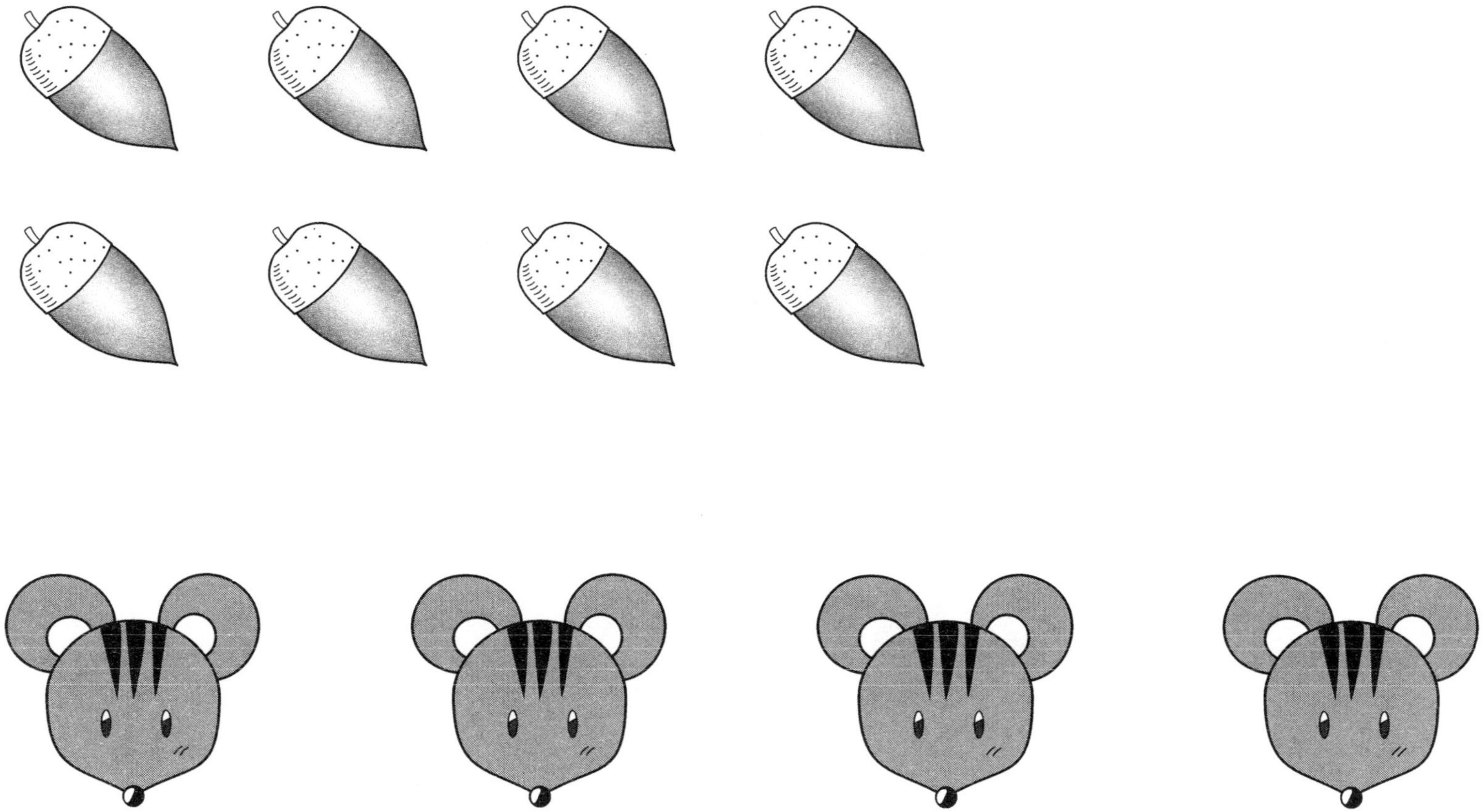

☆桐朋小学校

問題２４－１

①

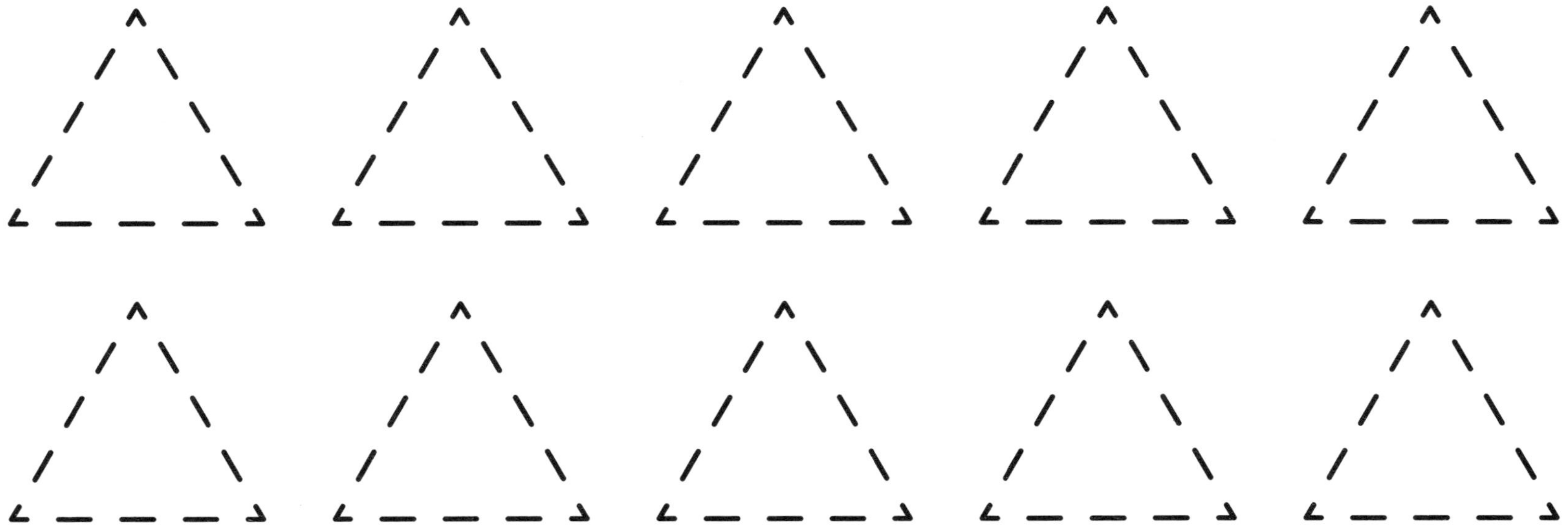

②

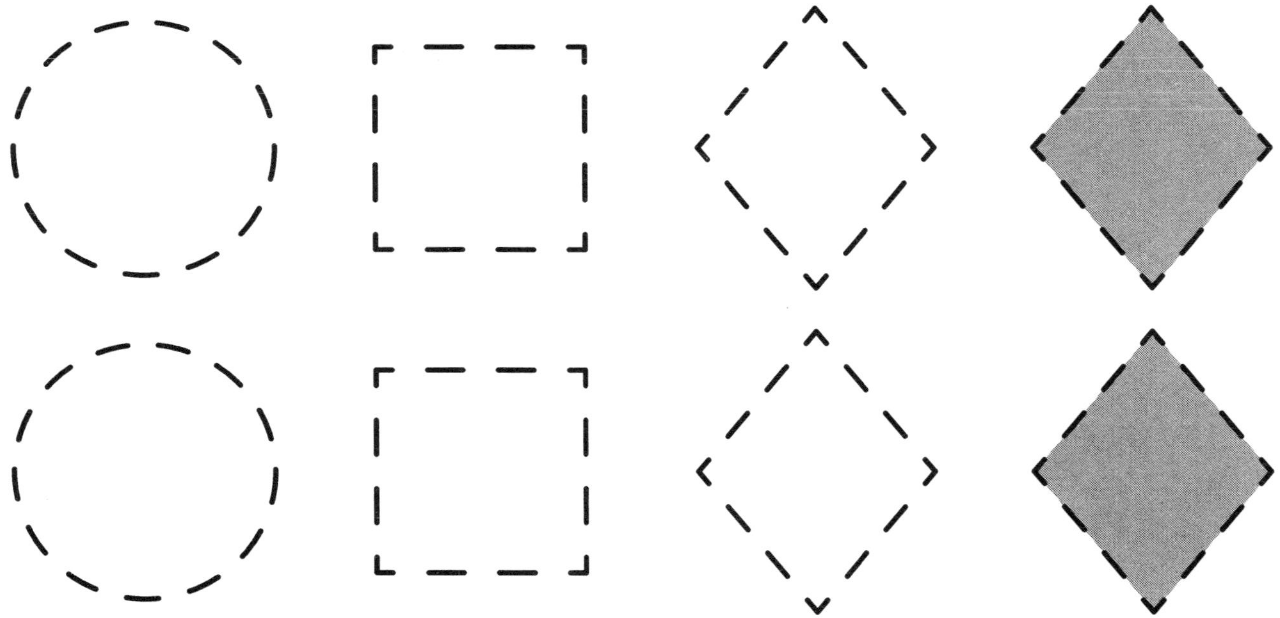

問題24-2

☆桐朋小学校

①

②

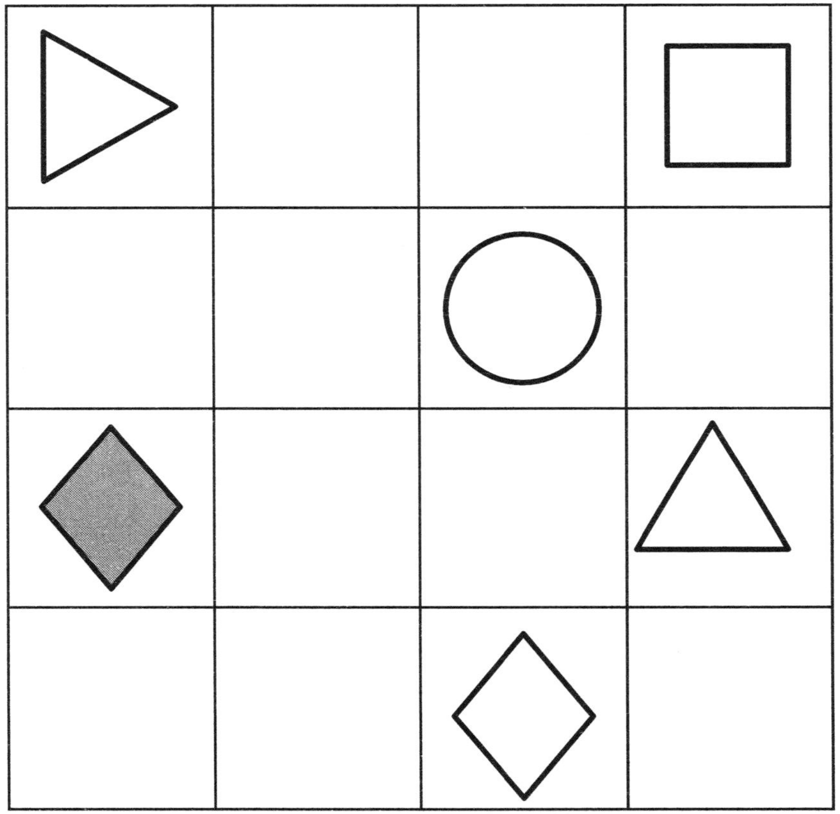

☆桐朋小学校

2025年　桐朋学園・桐朋小　過去　無断複製／転載を禁ずる　日本学習図書株式会社

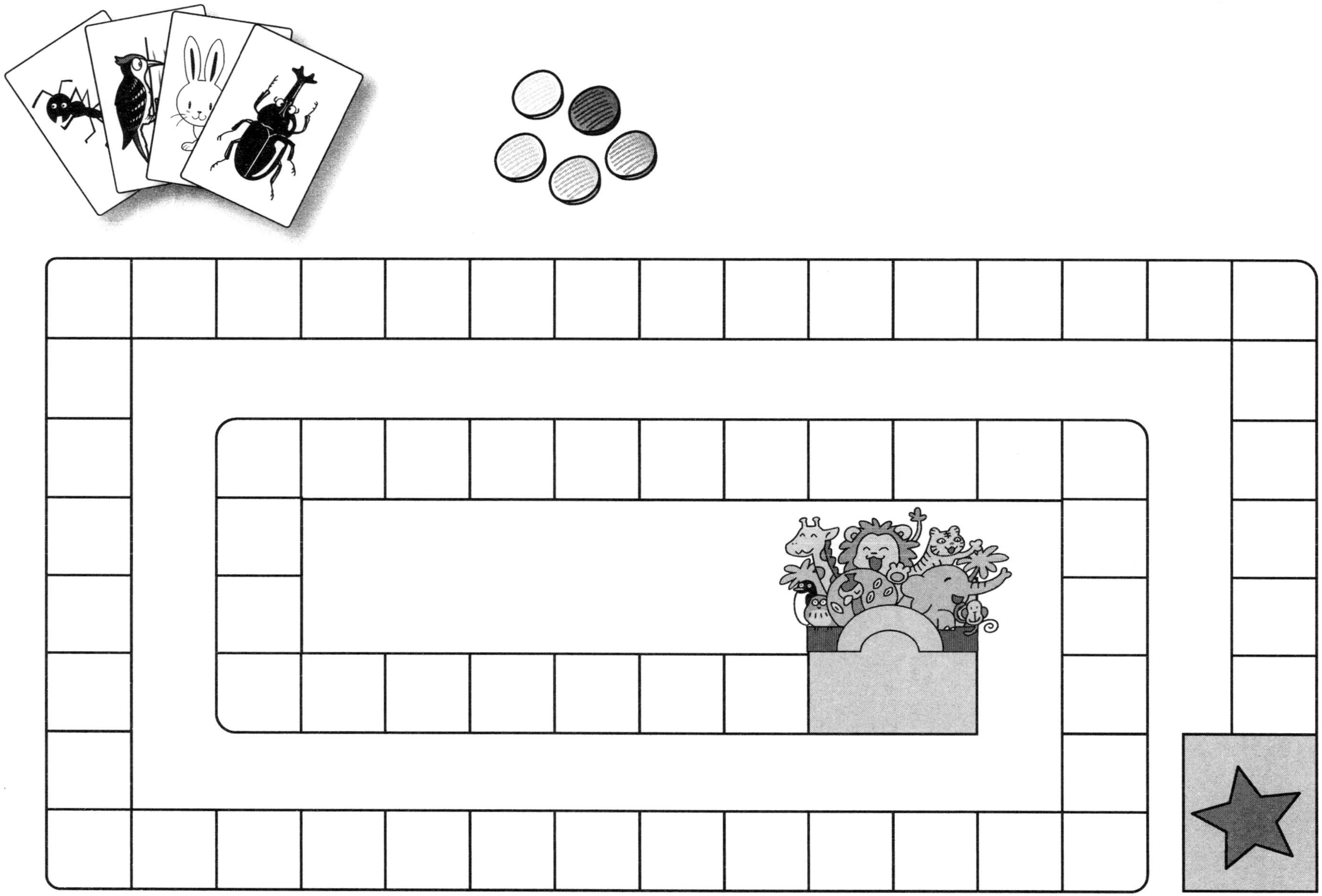

問題２６

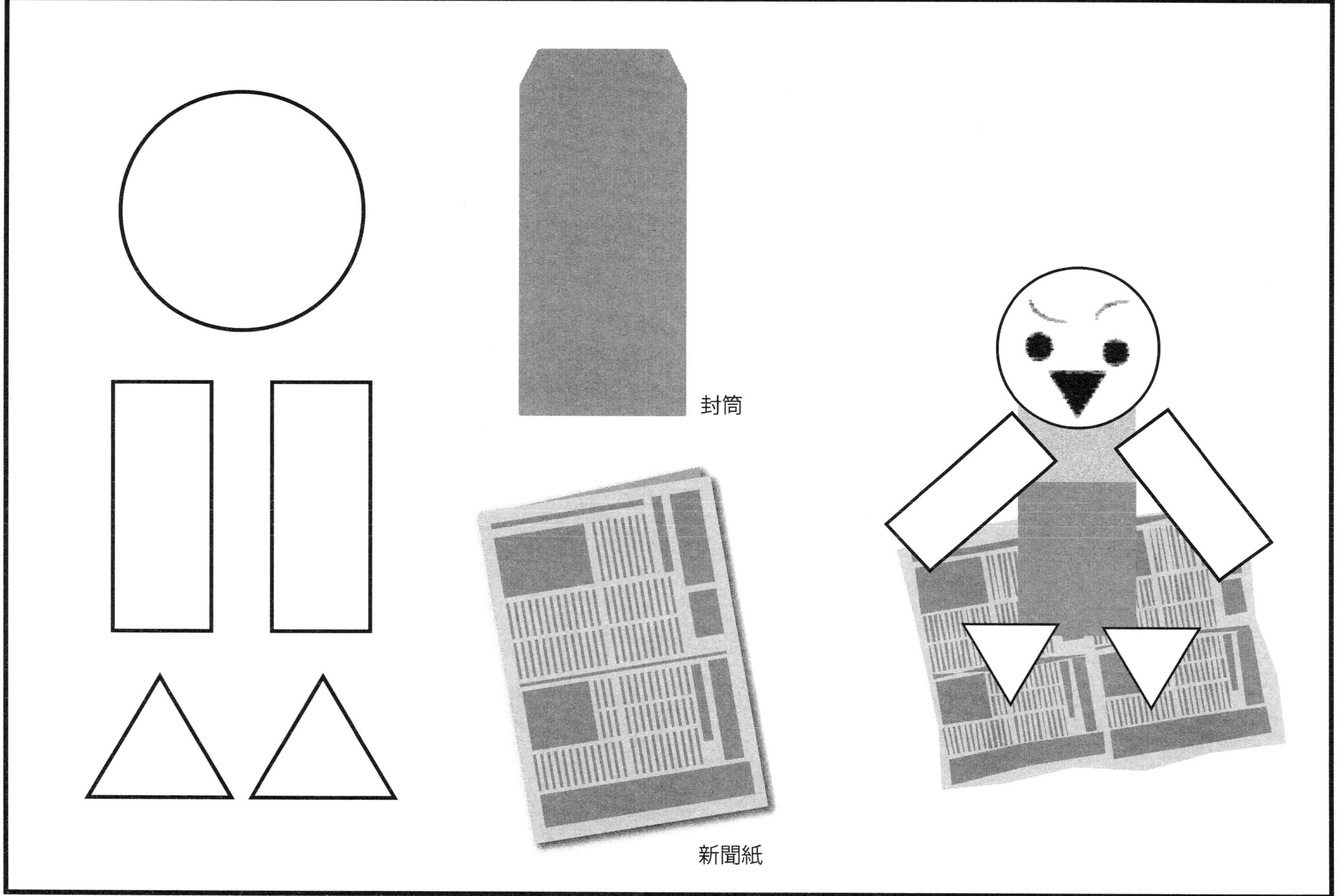

問題２７

☆桐朋小学校

スタート

制作例

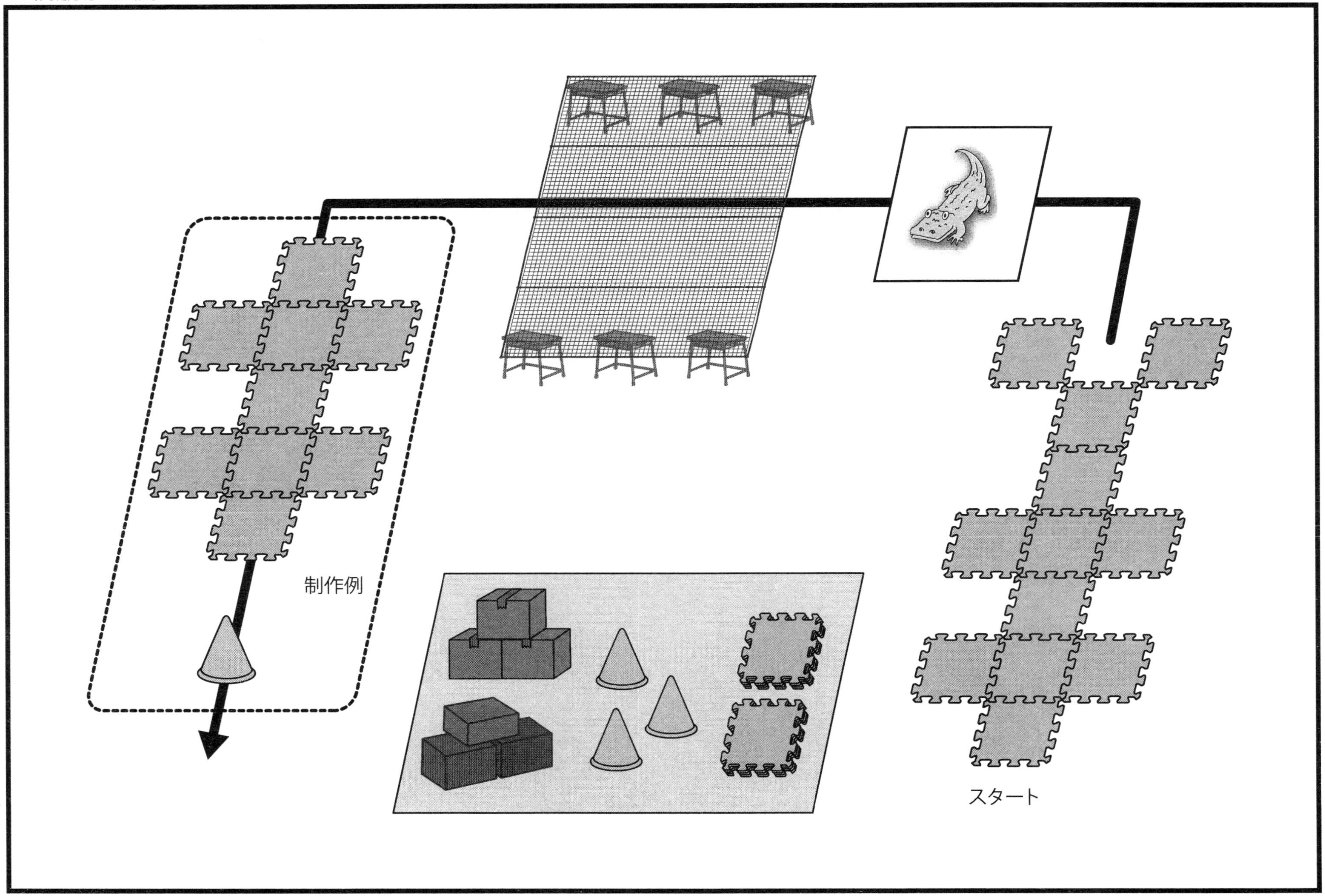

☆桐朋小学校

問題２８

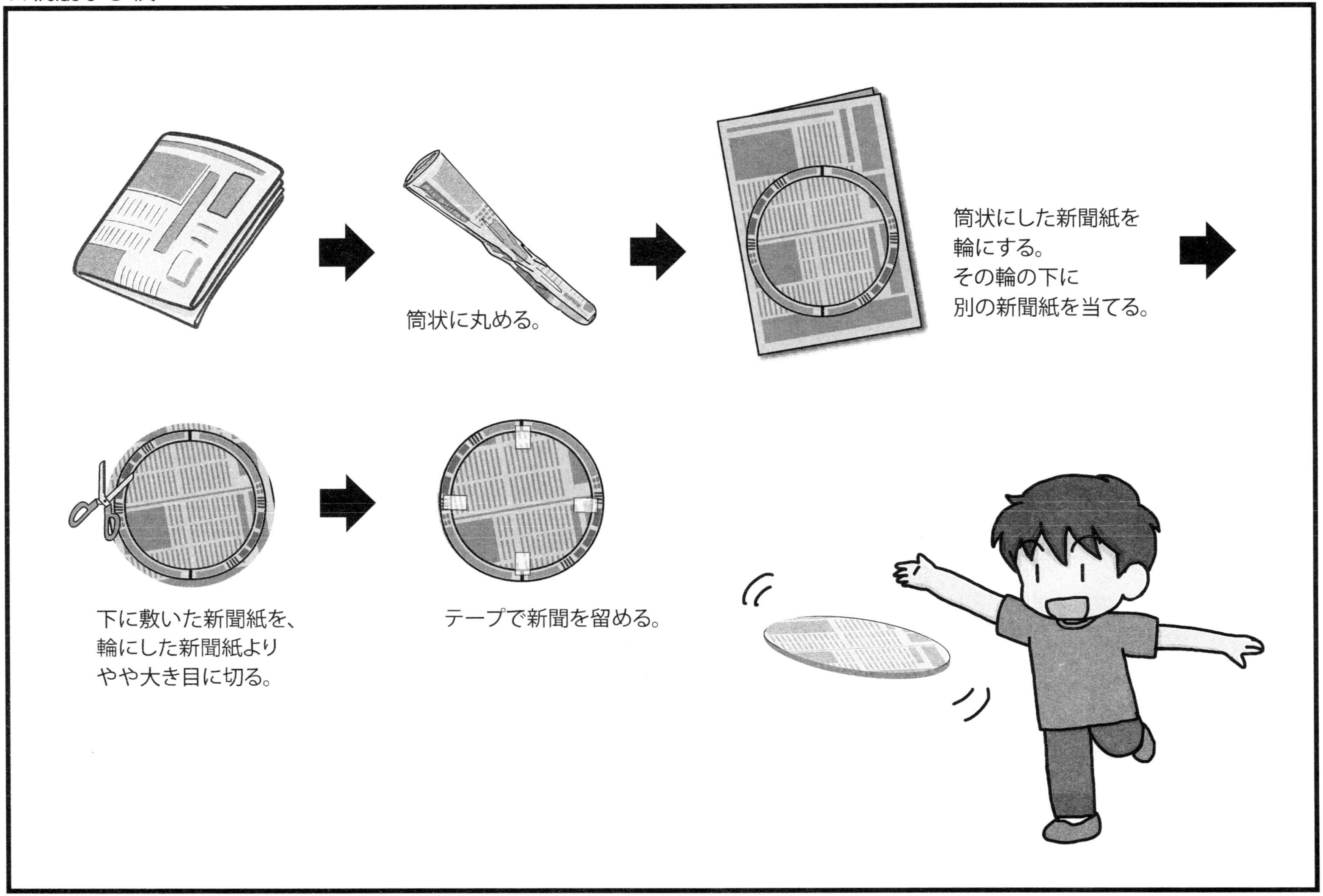
筒状に丸める。
筒状にした新聞紙を
輪にする。
その輪の下に
別の新聞紙を当てる。
下に敷いた新聞紙を、
輪にした新聞紙より
やや大き目に切る。
テープで新聞を留める。

問題３２

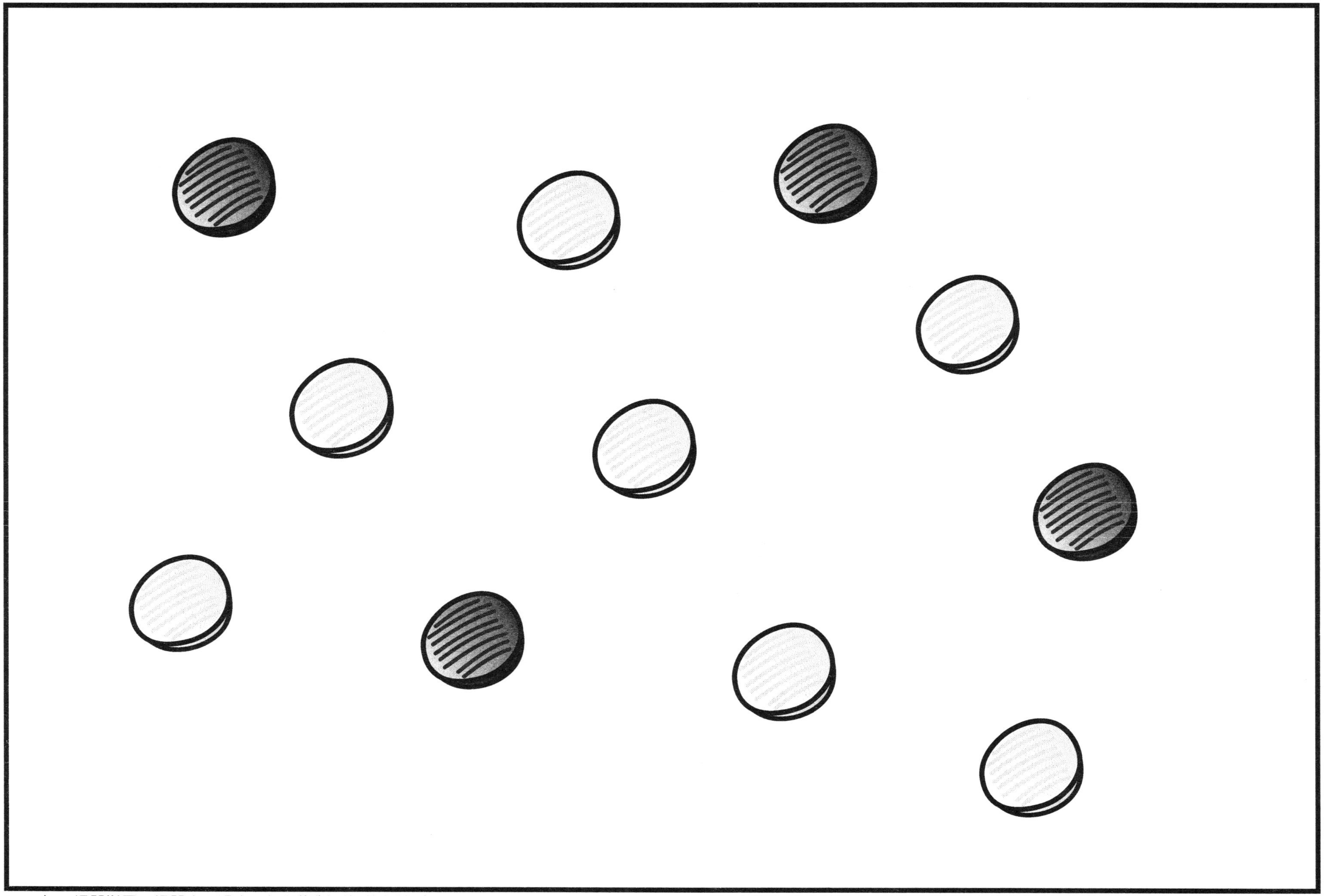

　　　

問題３３

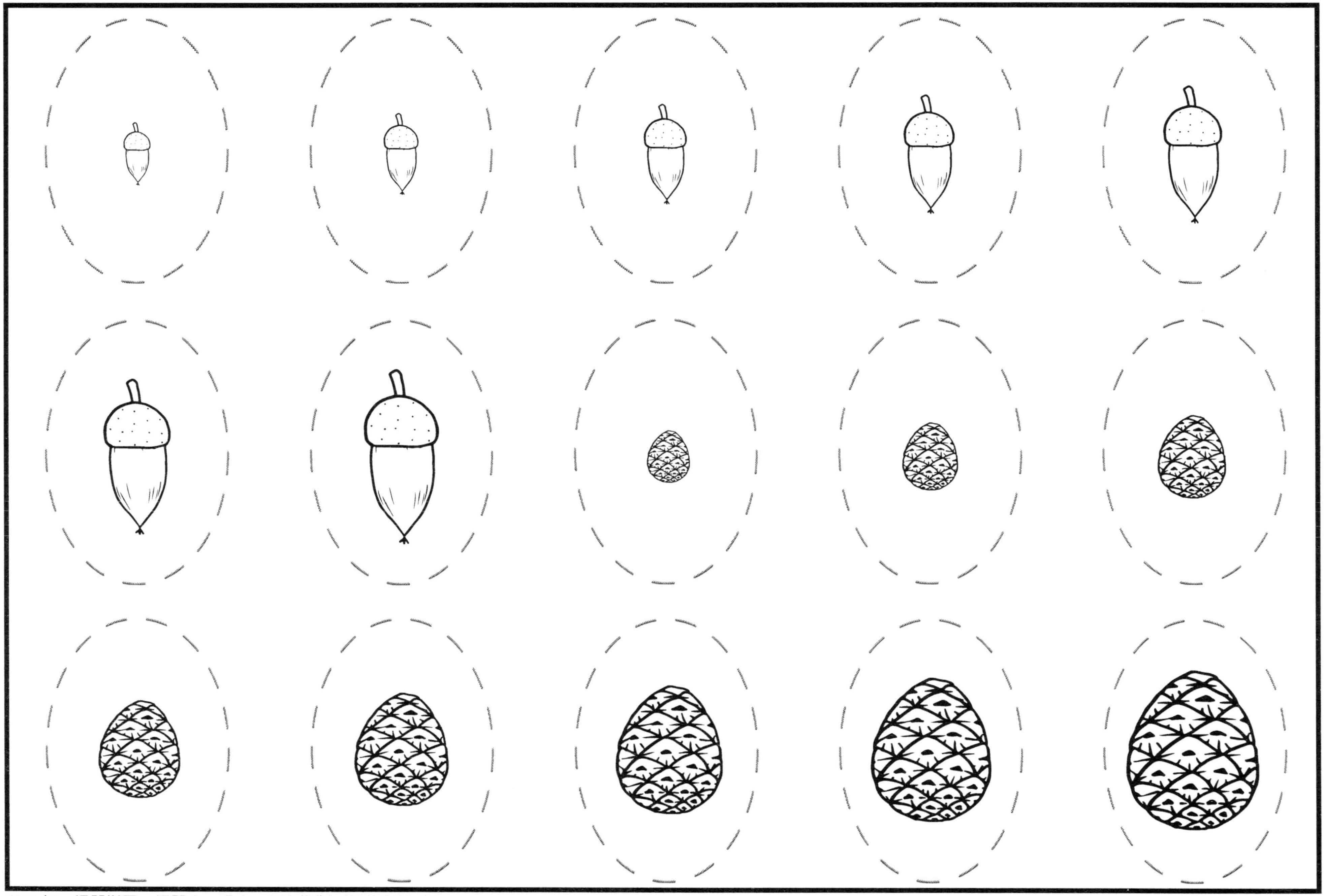

日本学習図書株式会社

☆桐朋小学校

問題３４

問題３５－１

問題３５－２

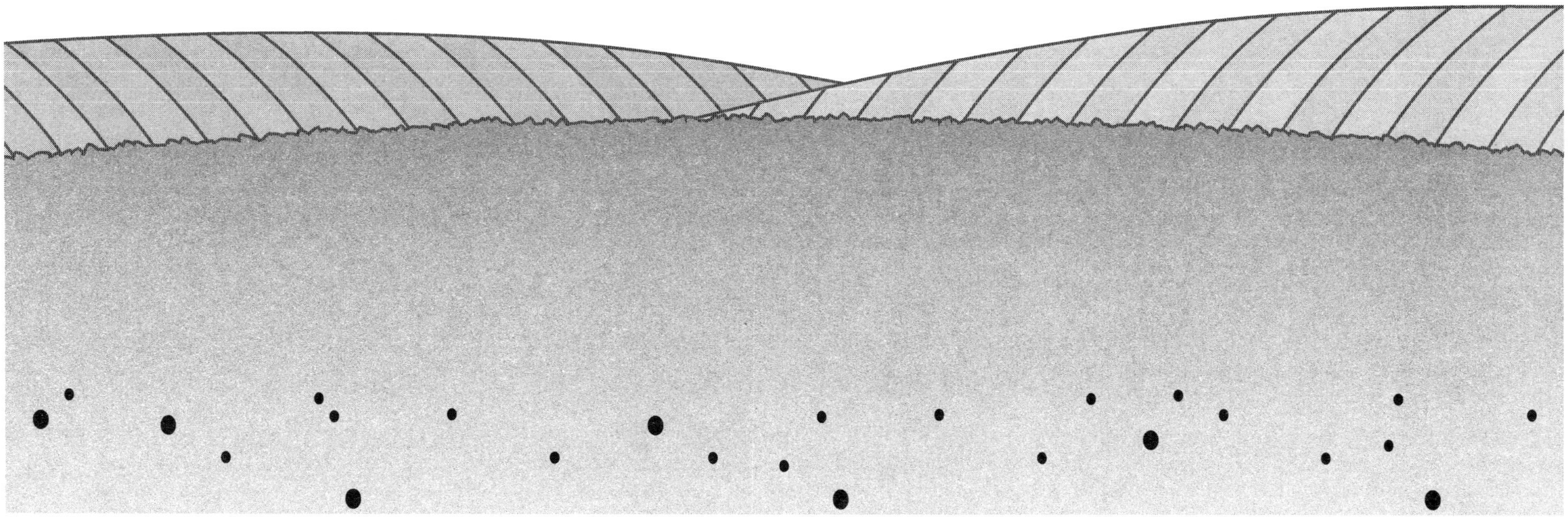

日本学習図書株式会社

問題３６

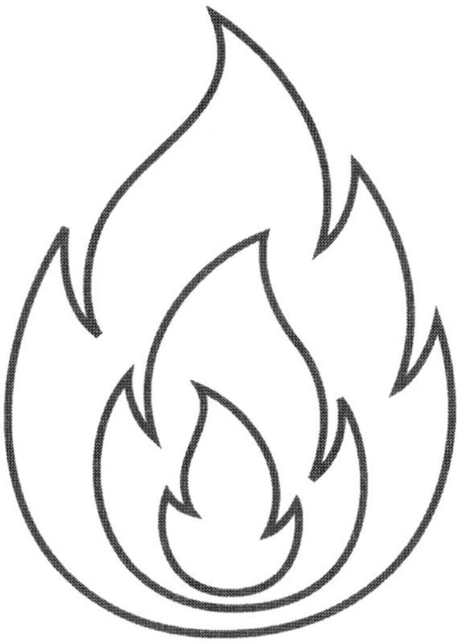

火

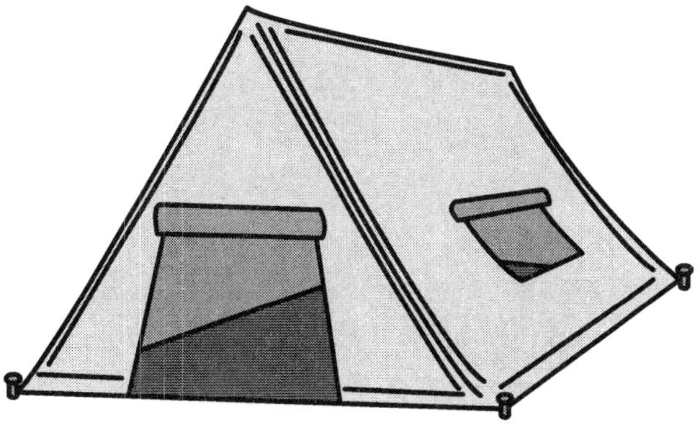

テントの絵

茶色い折り紙

見本

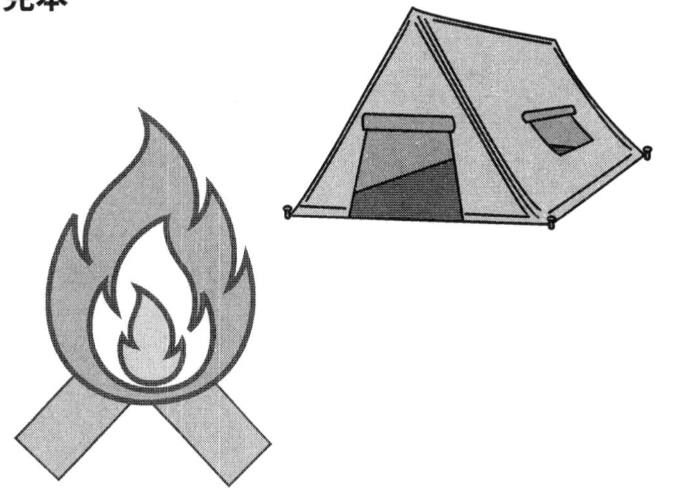

☆桐朋小学校

問題３７

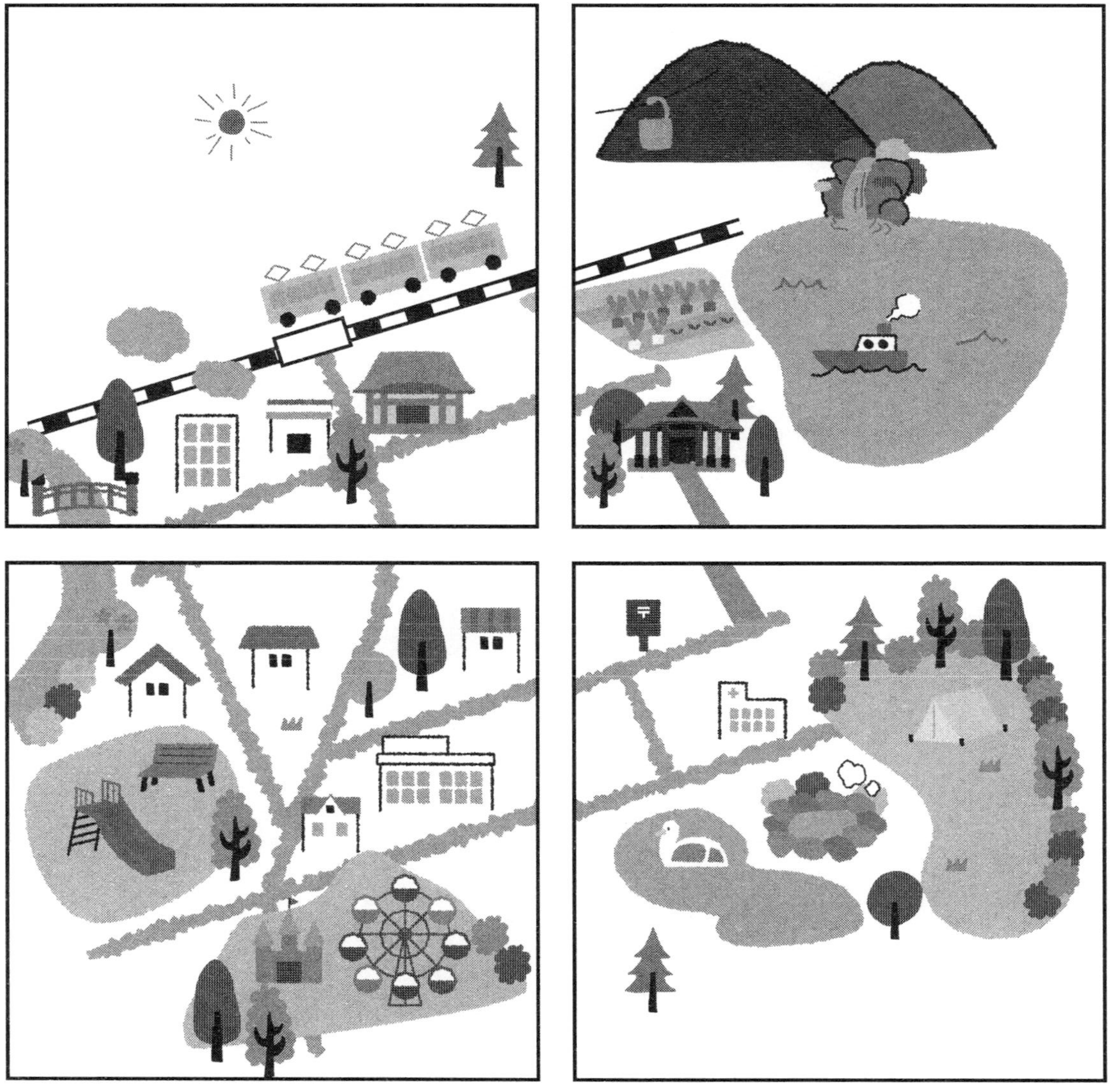

桐朋学園小学校　専用注文書

年　　月　　日

合格のための問題集ベスト・セレクション

1st 制　作

聞く力　巧緻性

2nd 運　動

聞く力　集中力

2024年度入試は、制作（巧緻性）と行動観察のみでした。ただし、制作には指示行動の要素が含まれていたり、行動観察には運動の要素が含まれていたりと、観点が複数設けられています。

分野	書　名	価格(税込)	注文
図形	Ｊｒ・ウォッチャー２「座標」	1,650円	冊
図形	Ｊｒ・ウォッチャー３「パズル」	1,650円	冊
数量	Ｊｒ・ウォッチャー16「積み木」	1,650円	冊
巧緻性	Ｊｒ・ウォッチャー22「想像画」	1,650円	冊
巧緻性	Ｊｒ・ウォッチャー23「切る・貼る・塗る」	1,650円	冊
巧緻性	Ｊｒ・ウォッチャー24「絵画」	1,650円	冊
運動	Ｊｒ・ウォッチャー28「運動」	1,650円	冊
行動観察	Ｊｒ・ウォッチャー29「行動観察」	1,650円	冊
図形	Ｊｒ・ウォッチャー35「重ね図形」	1,650円	冊
推理	Ｊｒ・ウォッチャー57「置き換え」	1,650円	冊
	実践 ゆびさきトレーニング①・②・③	2,750円	各　冊
	新 口頭試問・個別テスト問題集	2,750円	冊
	新 ノンペーパーテスト問題集	2,860円	冊
	新 運動テスト問題集	2,420円	冊

合計	冊	円

（フリガナ） 氏　名	電　話 ＦＡＸ E-mail
住 所　〒　　　－	以前にご注文されたことはございますか。 有　・　無

★お近くの書店、または記載の電話・FAX・ホームページにてご注文をお受けしております。
電話：03-5261-8951　FAX：03-5261-8953　代金は書籍合計金額＋送料がかかります。
※なお、落丁・乱丁以外の理由による商品の返品・交換には応じかねます。

★ご記入頂いた個人に関する情報は、当社にて厳重に管理致します。なお、ご購入の商品発送の他に、当社発行の書籍案内、書籍に関する調査に使用させて頂く場合がございますので、予めご了承ください。

日本学習図書株式会社
https://www.nichigaku.jp

桐朋小学校　専用注文書

年　月　日

合格のための問題集ベスト・セレクション

＊入試頻出分野ベスト３

1st　口頭試問

聞く力　話す力　思考力

2nd　制　作

聞く力　巧緻性

3rd　運　動

聞く力　集中力

口頭試問は、年度によって出題される分野が異なるので、幅広く学習をしておく必要があります。また、今年度は保護者アンケートも実施されたので、保護者の方の準備も怠らないようにしてください。

分野	書　名	価格(税込)	注文	分野	書　名	価格(税込)	注文
図形	Ｊｒ・ウォッチャー３「パズル」	1,650円	冊	常識	Ｊｒ・ウォッチャー55「理科②」	1,650円	冊
図形	Ｊｒ・ウォッチャー４「同図形探し」	1,650円	冊	推理	Ｊｒ・ウォッチャー58「比較②」	1,650円	冊
図形	Ｊｒ・ウォッチャー９「合成」	1,650円	冊	推理	Ｊｒ・ウォッチャー59「欠所補完」	1,650円	冊
常識	Ｊｒ・ウォッチャー11「いろいろな仲間」	1,650円	冊		実践 ゆびさきトレーニング①・②・③	2,750円	各　冊
常識	Ｊｒ・ウォッチャー12「日常生活」	1,650円	冊		新 口頭試問・個別テスト問題集	2,750円	冊
推理	Ｊｒ・ウォッチャー15「比較」	1,650円	冊		新ノンペーパーテスト問題集	2,860円	冊
数量	Ｊｒ・ウォッチャー16「積み木」	1,650円	冊		新 運動テスト問題集	2,420円	冊
想像	Ｊｒ・ウォッチャー21「お話作り」	1,650円	冊		家庭で行う 面接テスト問題集	2,200円	冊
巧緻性	Ｊｒ・ウォッチャー23「切る・貼る・塗る」	1,650円	冊		新・小学校受験 願書・アンケート・作文 文例集500	2,860円	冊
常識	Ｊｒ・ウォッチャー27「理科」	1,650円	冊				
運動	Ｊｒ・ウォッチャー28「運動」	1,650円	冊				
行動観察	Ｊｒ・ウォッチャー29「行動観察」	1,650円	冊				
数量	Ｊｒ・ウォッチャー40「数を分ける」	1,650円	冊				
図形	Ｊｒ・ウォッチャー53「四方からの観察　積み木編」	1,650円	冊				

合計	冊	円

（フリガナ） 氏　名	電　話 ＦＡＸ E-mail
住 所　〒　　　－	以前にご注文されたことはございますか。 有　・　無

★お近くの書店、または記載の電話・FAX・ホームページにてご注文をお受けしております。
　電話：03-5261-8951　FAX：03-5261-8953　代金は書籍合計金額＋送料がかかります。
　※なお、落丁・乱丁以外の理由による商品の返品・交換には応じかねます。
★ご記入頂いた個人に関する情報は、当社にて厳重に管理致します。なお、ご購入の商品発送の他に、当社発行の書籍案内、書籍に関する調査に使用させて頂く場合がございますので、予めご了承ください。

日本学習図書株式会社
https://www.nichigaku.jp

図書カード 1000 円分プレゼント

ご記入日　　年　月　日

☆国・私立小学校受験アンケート☆

※可能な範囲でご記入下さい。選択肢は○で囲んで下さい。

〈小学校名〉＿＿＿＿＿＿＿＿＿＿　〈お子さまの性別〉男・女　〈誕生月〉＿月

〈その他の受験校〉（複数回答可）＿＿＿＿＿＿＿＿＿＿

〈受験日〉①：＿月＿日〈時間〉＿時＿分～＿時＿分

②：＿月＿日〈時間〉＿時＿分～＿時＿分

〈受験者数〉男女計＿名（男子＿名　女子＿名）

〈お子さまの服装〉＿＿＿＿＿＿＿＿＿＿

〈入試全体の流れ〉（記入例）準備体操→行動観察→ペーパーテスト

＿＿＿＿＿＿＿＿＿＿

Eメールによる情報提供

日本学習図書では、Eメールでも入試情報を募集しております。

下記のアドレスに、アンケートの内容をご入力の上、メールをお送り下さい。

ojuken@nichigaku.jp

●行動観察　（例）好きなおもちゃで遊ぶ・グループで協力するゲームなど

〈実施日〉＿月＿日〈時間〉＿時＿分～＿時＿分〈着替え〉□有　□無

〈出題方法〉□肉声　□録音　□その他（　　　）〈お手本〉□有　□無

〈試験形態〉□個別　□集団（　人程度）

〈会場図〉

〈内容〉

□自由遊び

＿＿＿＿＿＿＿＿＿＿

□グループ活動

＿＿＿＿＿＿＿＿＿＿

□その他

＿＿＿＿＿＿＿＿＿＿

●運動テスト（有・無）　（例）跳び箱・チームでの競争など

〈実施日〉＿月＿日〈時間〉＿時＿分～＿時＿分〈着替え〉□有　□無

〈出題方法〉□肉声　□録音　□その他（　　　）〈お手本〉□有　□無

〈試験形態〉□個別　□集団（　人程度）

〈会場図〉

〈内容〉

□サーキット運動

□走り　□跳び箱　□平均台　□ゴム跳び

□マット運動　□ボール運動　□なわ跳び

□クマ歩き

□グループ活動＿＿＿＿＿＿＿＿＿＿

□その他＿＿＿＿＿＿＿＿＿＿

●知能テスト・口頭試問

〈実施日〉＿月＿日〈時間〉＿時＿分～＿時＿分〈お手本〉□有 □無

〈出題方法〉 □肉声 □録音 □その他（　　　　　）〈問題数〉＿枚＿問

分野	方法	内容	詳細・イラスト
（例） お話の記憶	☑筆記 □口頭	動物たちが待ち合わせをする話	（あらすじ） 動物たちが待ち合わせをした。最初にウサギさんが来た。次にイヌくんが、その次にネコさんが来た。最後にタヌキくんが来た。 （問題・イラスト） ３番目に来た動物は誰か 
お話の記憶	□筆記 □口頭		（あらすじ） （問題・イラスト）
図形	□筆記 □口頭		
言語	□筆記 □口頭		
常識	□筆記 □口頭		
数量	□筆記 □口頭		
推理	□筆記 □口頭		
その他	□筆記 □口頭		

●制作　(例) ぬり絵・お絵かき・工作遊びなど

〈実施日〉＿＿月＿＿日〈時間〉＿＿時＿＿分～＿＿時＿＿分

〈出題方法〉 □肉声 □録音 □その他（　　　　　）〈お手本〉□有 □無

〈試験形態〉 □個別 □集団（　　　人程度）

材料・道具	制作内容
□ハサミ □のり（□つぼ □液体 □スティック） □セロハンテープ □鉛筆 □クレヨン（　色） □クーピーペン（　色） □サインペン（　色）□ □画用紙（□ A4 □ B4 □ A3 □その他：　　　　） □折り紙 □新聞紙 □粘土 □その他（　　　　）	□切る □貼る □塗る □ちぎる □結ぶ □描く □その他（　　　　） タイトル：＿＿＿＿＿＿＿＿

●面接

〈実施日〉＿＿月＿＿日〈時間〉＿＿時＿＿分～＿＿時＿＿分〈面接担当者〉＿＿名

〈試験形態〉□志願者のみ（　　）名 □保護者のみ □親子同時 □親子別々

〈質問内容〉

□志望動機　□お子さまの様子

□家庭の教育方針

□志望校についての知識・理解

□その他（　　　　　　　　　）

（　詳　細　）

・

・

・

・

※試験会場の様子をご記入下さい。

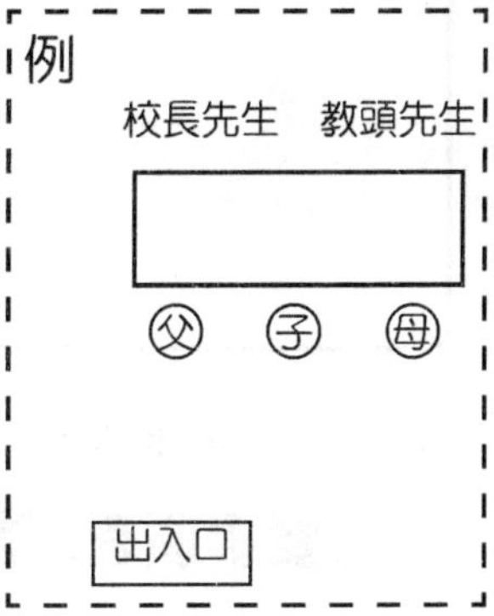

●保護者作文・アンケートの提出（有・無）

〈提出日〉 □面接直前 □出願時 □志願者考査中 □その他（　　　　　　）

〈下書き〉 □有 □無

〈アンケート内容〉

（記入例）当校を志望した理由はなんですか（150 字）

●**説明会**（□有　□無）〈開催日〉　月　日〈時間〉　時　分　～　時　分

〈上履き〉　□要　□不要　〈願書配布〉　□有　□無　〈校舎見学〉　□有　□無

〈ご感想〉

●**参加された学校行事**（複数回答可）

公開授業〈開催日〉　月　日〈時間〉　時　分　～　時　分

運動会など〈開催日〉　月　日〈時間〉　時　分　～　時　分

学習発表会・音楽会など〈開催日〉　月　日〈時間〉　時　分　～　時　分

〈ご感想〉

※是非参加したほうがよいと感じた行事について

●**受験を終えてのご感想、今後受験される方へのアドバイス**

※対策学習（重点的に学習しておいた方がよい分野）、当日準備しておいたほうがよい物など

＊＊＊＊＊＊＊＊＊＊＊＊＊　ご記入ありがとうございました　＊＊＊＊＊＊＊＊＊＊＊＊＊

必要事項をご記入の上、ポストにご投函ください。

なお、本アンケートの送付期限は入試終了後３ヶ月とさせていただきます。また、入試に関する情報の記入量が当社の基準に満たない場合、謝礼の送付ができないことがございます。あらかじめご了承ください。

ご住所：〒

お名前：　　　　　　メール：

ＴＥＬ：　　　　　　ＦＡＸ：

アンケートのご記入ありがとうございました

ご記入頂いた個人に関する情報は、当社にて厳重に管理致します。弊社の個人情報取り扱いに関する詳細は、www.nichigaku.jp/policy.php の「個人情報の取り扱い」をご覧下さい。

分野別 小学入試練習帳 ジュニアウォッチャー

1. 点・線図形	小学校入試で出題頻度の高い『点・線図形』の模写を、難易度の低いものから段階別に幅広く練習することができるように構成。
2. 座標	図形の位置模写という作業を、難易度の低いものから段階別に練習できるように構成。
3. パズル	様々なパズルの問題を難易度の低いものから段階別に練習できるように構成。
4. 同図形探し	小学校入試で出題頻度の高い、同図形選びの問題を繰り返し練習できるように構成。
5. 回転・展開	図形などを回転、または展開したとき、形がどのように変化するかを学習し、理解を深められるように構成。
6. 系列	数、図形などの様々な系列問題を、難易度の低いものから段階別に練習できるように構成。
7. 迷路	迷路の問題を繰り返し練習できるように構成。
8. 対称	対称に関する問題を４つのテーマに分類し、各テーマごとに問題を段階別に練習できるように構成。
9. 合成	図形の合成に関する問題を、難易度の低いものから段階別に練習できるように構成。
10. 四方からの観察	もの（立体）を様々な角度から見て、どのように見えるかを推理する問題を段階別に整理し、１つの形式で複数の問題を練習できるように構成。
11. いろいろな仲間	ものや動物、植物の共通点を見つけ、分類していく問題を中心に構成。
12. 日常生活	日常生活における様々な問題を６つのテーマに分類し、各テーマごとに一つの問題形式で複数の問題を練習できるように構成。
13. 時間の流れ	『時間』に着目し、様々なものごとは、時間が経過するとどのように変化するのかということを学習し、理解できるように構成。
14. 数える	様々なものを『数える』ことから、数の多少の判定やかけ算、わり算の基礎までを練習できるように構成。
15. 比較	比較に関する問題を５つのテーマ（数、高さ、長さ、量、重さ）に分類し、各テーマごとに問題を段階別に練習できるように構成。
16. 積み木	数える対象を積み木に限定した問題集。
17. 言葉の音遊び	言葉の音に関する問題を５つのテーマに分類し、各テーマごとに問題を段階別に練習できるように構成。
18. いろいろな言葉	表現力をより豊かにするいろいろな言葉として、擬態語や擬声語、同音異義語、反意語、数詞を取り上げた問題集。
19. お話の記憶	お話を聴いてその内容を記憶、理解し、設問に答える形式の問題集。
20. 見る記憶・聴く記憶	「見て憶える」「聴いて憶える」という『記憶』分野に特化した問題集。
21. お話作り	いくつかの絵を元にしてお話を作る練習をして、想像力を養うことができるように構成。
22. 想像画	描かれてある形や景色に好きな絵を描くことにより、想像力を養うことができるように構成。
23. 切る・貼る・塗る	小学校入試で出題頻度の高い、はさみやのりなどを用いた巧緻性の問題を繰り返し練習できるように構成。
24• 絵画	小学校入試で出題頻度の高い、お絵かきやぬり絵などクレヨンやクーピーペンを用いた巧緻性の問題を繰り返し練習できるように構成。
25. 生活巧緻性	小学校入試で出題頻度の高い日常生活の様々な場面における巧緻性の問題集。
26. 文字・数字	ひらがなの清音、濁音、拗音、拗長音、促音と１～20までの数字に焦点を絞り、練習できるように構成。
27. 理科	小学校入試で出題頻度が高くなりつつある理科の問題を集めた問題集。
28. 運動	出題頻度の高い運動問題を種目別に分けて構成。
29. 行動観察	項目ごとに問題提起をし、「このような時はどうか、あるいはどう対処するのか」の観点から問いかける形式の問題集。
30. 生活習慣	学校から家庭に提起された問題と思って、一問一問絵を見ながら話し合い、考える形式の問題集。
31. 推理思考	数、量、言語、常識（含理科、一般）など、諸々のジャンルから問題を構成し、近年の小学校入試問題傾向に沿って構成。
32. ブラックボックス	箱や筒の中を通ると、どのようなお約束でどのように変化するかを推理・思考する問題集。
33. シーソー	重さの違うものをシーソーに乗せた時どちらに傾くのか、またどうすればシーソーは釣り合うのかを思考する基礎的な問題集。
34. 季節	様々な行事や植物などを季節別に分類できるように知識をつける問題集。
35. 重ね図形	小学校入試で頻繁に出題されている「図形を重ね合わせてできる形」についての問題を集めました。
36. 同数発見	様々な物を数え「同じ数」を発見し、数の多少の判断や数の認識の基礎を学べるように構成した問題集。
37. 選んで数える	数の学習の基本となる、いろいろなものの数を正しく数える学習を行う問題集。
38. たし算・ひき算１	数字を使わず、たし算とひき算の基礎を身につけるための問題集。
39. たし算・ひき算２	数字を使わず、たし算とひき算の基礎を身につけるための問題集。
40. 数を分ける	数を等しく分ける問題です。等しく分けたときに余りが出るものもあります。
41. 数の構成	ある数がどのような数で構成されているか学んでいきます。
42. 一対多の対応	一対一の対応から、一対多の対応まで、かけ算の考え方の基礎学習を行います。
43. 数のやりとり	あげたり、もらったり、数の変化をしっかりと学びます。
44. 見えない数	指定された条件から数を導き出します。
45. 図形分割	図形の分割に関する問題集。パズルや合成の分野にも通じる様々な問題を集めました。
46. 回転図形	「回転図形」に関する問題集。やさしい問題から始め、いくつかの代表的なパターンから、段階を踏んで学習できるよう編集されています。
47. 座標の移動	「マス目の指示通りに移動する問題」と「指示された数だけ移動する問題」を収録。
48. 鏡図形	鏡で左右反転させた時の見え方を考えます。平面図形から立体図形、文字、絵まで。
49. しりとり	すべての学習の基礎となる「言葉」を学ぶこと、特に「語彙」を増やすことに重点をおき、さまざまなタイプの「しりとり」問題を集めました。
50. 観覧車	観覧車やメリーゴーラウンドなどを舞台にした「回転系列」の問題集。「推理思考」分野の問題ですが、要素として「図形」や「数量」も含みます。
51. 運筆①	鉛筆の持ち方を学び、点線なぞり、お手本を見ながらの模写で、線を引く練習をします。
52. 運筆②	運筆①からさらに発展し、「欠所補完」や「迷路」などを楽しみながら、より複雑な鉛筆運びを習得することを目指します。
53. 四方からの観察 積み木編	積み木を使用した「四方からの観察」に関する問題を練習できるように構成。
54. 図形の構成	見本の図形がどのような部分によって形づくられているかを考えます。
55. 理科②	理科的知識に関する問題を集中して練習する「常識」分野の問題集。
56. マナーとルール	道路や駅、公共の場でのマナー、安全や衛生に関する常識を学べるように構成。
57. 置き換え	さまざまな具体的・抽象的事象を記号で表す「置き換え」の問題を扱います。
58. 比較②	長さ・高さ・体積・数などを数学的な知識を使わず、論理的に推測する「比較」の問題を練習できるように構成。
59. 欠所補完	線と線のつながり、欠けた絵に当てはまるものなどを求める「欠所補完」に取り組める問題集です。
60. 言葉の音（おん）	しりとり、決まった順番の音をつなげるなど、「言葉の音」に関する問題に取り組める練習問題集です。

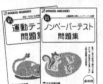

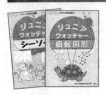

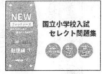

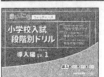

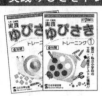

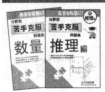

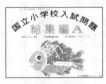

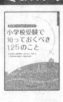

『読み聞かせ』×『質問』＝『聞く力』

お話の記憶の練習に最適

1話5分の読み聞かせお話集①②

「アラビアン・ナイト」「アンデルセン童話」「イソップ寓話」「グリム童話」、日本や各国の民話、昔話、偉人伝の中から、教育的な物語や、過去に小学校入試でも出題された有名なお話を中心に掲載。お話ごとに、内容に関連したお子さまへの質問も掲載しています。「読み聞かせ」を通して、お子さまの『聞く力』を伸ばすことを目指します。　①巻・②巻　各48話

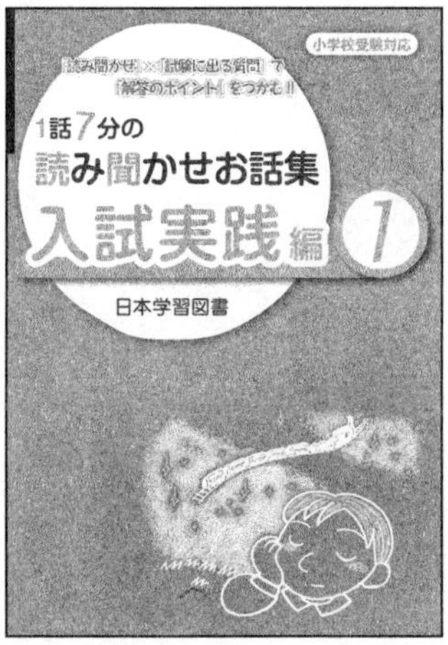

1話7分の読み聞かせお話集 入試実践編①

国立・私立小学校受験対応

最長1,700文字の長文のお話を掲載。有名でない＝「聞いたことのない」お話を聞くことで、『集中力』のアップを目指します。設問も、実際の試験を意識した設問としています。ペーパーテスト実施校の多くが「お話の記憶」の問題を出題します。毎日の「読み聞かせ」と「試験に出る質問」で、「解答のポイント」をつかんで臨みましょう！　50話収録

ニチガクの　この5冊で受験準備も万全！

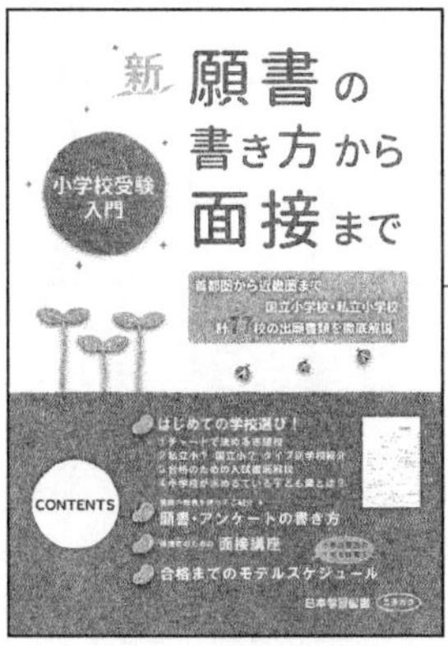

小学校受験入門 願書の書き方から面接まで　リニューアル版

主要私立・国立小学校の願書・面接内容を中心に、学校選びや入試の分野傾向、服装コーディネート、持ち物リストなども網羅し、受験準備全体をサポートします。

小学校受験で 知っておくべき 125のこと

小学校受験の基本から怪しい「ウワサ」まで、保護者の方々からの 125 の質問にていねいに解答。目からウロコのお受験本。

新　小学校受験の 入試面接Q＆A　リニューアル版

過去十数年に遡り、面接での質問内容を網羅。小学校別、父親・母親・志願者別、さらに学校のこと・志望動機・お子さまについてなど分野ごとに模範解答例やアドバイスを掲載。

新　願書・アンケート 文例集 500　リニューアル版

有名私立小、難関国立小の願書やアンケートに記入するための適切な文例を、質問の項目別に収録。合格を掴むためのヒントが満載！願書を書く前に、ぜひ一度お読みください。

小学校受験に関する 保護者の悩みQ＆A

保護者の方約 1,000 人に、学習・生活・躾に関する悩みや問題を取材。その中から厳選した 200 例以上の悩みに、「ふだんの生活」と「入試直前」のアドバイス２本立てで悩みを解決。

日本学習図書株式会社

家庭学習をトータルサポート！ ニチガクのオリジナル 効果的 学習法

1 まずはアドバイスページを読む！

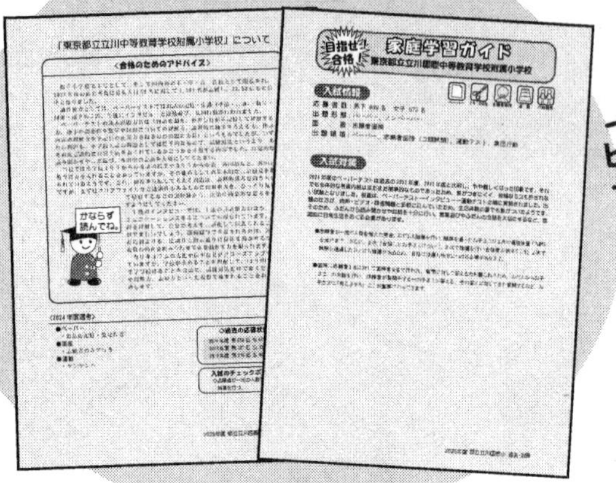

ピンク色です

対策や試験ポイントがぎっしりつまった「家庭学習ガイド」。分野アイコンで、試験の傾向をおさえよう！

2 問題をすべて読み、出題傾向を把握する

3 「アドバイス」で学校側の観点や問題の解説を熟読

4 はじめて過去問題にチャレンジ！

5 プラスα 対策問題集や類題で力を付ける

過去問のこだわり

最新問題は問題ページ、イラストページ、解答・解説ページが独立しており、お子さまにすぐに取り掛かっていただける作りになっています。

ニチガクの学校別問題集ならではの、学習法を含めたアドバイスを利用して効率のよい家庭学習を進めてください。

各問題のジャンル

問題4 分野：系列

〈準備〉 クーピーペン（赤）

〈問題〉 左側に並んでいる３つの形を見てください。真ん中の抜けているところには右側のどの四角が入ると繋がるでしょうか。右側から探して○を付けてください。

〈時間〉 30秒

〈解答〉 ①真ん中　②右　③左

アドバイス

複雑な系列の問題です。それぞれの問題がどのような約束で構成されているのか確認をしましょう。この約束が理解できていないと問題を解くことができません。また、約束を見つけるとき、一つの視点、考えに固執するのではなく、色々と着眼点を変えてとらえるようにすることで発見しやすくなります。この問題では、①と②は中の模様が右の方へまっすぐ1つずつ移動しています。③は4つの矢印が右の方へ回転して1つずつ移動しています。それぞれ移動のし方が違うことに気が付きましたでしょうか。系列にも様々な出題がありますので、このような系列の問題も学習しておくことをおすすめ致します。系列の問題は、約束を早く見つけることがポイントです。

【おすすめ問題集】
Ｊｒ・ウォッチャー６「系列」

アドバイス

各問題の解説や学校の観点、指導のポイントなどを教えます。
今日から保護者の方が家庭学習の先生に！

おすすめ対策問題集

分野ごとに対策問題集をご紹介。苦手分野の克服に最適です！

＊専用注文書付き。

2025年度版　桐朋学園小学校・桐朋小学校 過去問題集

発行日　2024年7月30日
発行所　〒162-0821　東京都新宿区津久戸町 3-11-9F
日本学習図書株式会社
電　話　03-5261-8951 ㈹

ISBN978-4-7761-5564-5

C6037 ¥2100E

定価 2,310円
（本体 2,100円＋税 10%）

9784776155645

1926037021001

詳細は https://www.nichigaku.jp　日本学習図書　検索